Eingang am: 12.09.2012
Eigentümer: Dieter Reiter

Eingang am: 12.09.2012
Eigentümer: Dieter Reiter

BRUCKMANNS LÄNDERPORTRÄTS

Südtirol

»Was heißt eigentlich Spagiuti?«, fragte Benjamin einmal auf dem Weg nach Südtirol. Er hatte das Wort in einem italienischen Schlager ausgemacht. »Spagiuti?«, fragte ich zurück, »keine Ahnung, das habe ich noch nie gehört«. Wie sich später herausstellte, hatte der Sänger eigentlich etwas wie »Siamo dispiaciuti«, also »es tut uns leid« gesungen, und Benjamin hatte die Silben anders zugeordnet. Eigentlich eine typisch südtirolische Geschichte. Missverständnisse gehören dazu, wo mehrere Sprachen gesprochen werden. Aber es werden immer weniger.

Zeno von Braitenberg

SÜDTIROL

Udo Bernhart · Zeno von Braitenberg

BRUCKMANN

Inhalt

Kaleidoskop
Ein Streifzug durch Südtirol 18

Landschaften und Regionen

Eisacktal & Wipptal 24
Südtirol aus dem Augenwinkel 34
Kloster Säben: Maß halten in allem 36
Brixen: Das ruhige Spiel des Lebens 39

Pustertal 40
Das grüne Tal, und das ist nicht nur Käse 50
Landesmuseum für Volkskunde 53
Bruneck: Flanieren in der einzigen Stadt 54

Dolomiten 58
Wo Reinhold Messner geprägt wurde 68
Das Turnier, wo Wolkenstein ritt 71
St. Martin in Thurn, das neue ladinische Museum 73
Gröden: Schnitzen was das Zeug hält 74

Bozen 76
Dornröschen reckt sich 86
Wregglmacher und Federkielsticker 87
Bozner Bilderbuch: »Cool Tour« von der Gotik zur Moderne 88
Der Ritten – von gegenüber 91
Das Bozner Hotel Greif: Wohnen in der Galerie 92

Überetsch Unterland 94
Warum zu Gott nach Frankreich? 102
Spargelzeit, Hombre 105
Hocheppan und Schloss Moos 106
Die überetscher Seen: Seen – und gesehen werden 109

Meran 112
Die feingliedrige Braut des Südens 120
Der botanische Garten 123
Passeiertal: Die Heimat Andreas Hofers 124

Vinschgau 126
Wind, Wasser und Wahrheit 130
Das Prokuluskirchlein 132
Der Schreibmaschinenerfinder 135

Daten und Fakten
Zeittafel 140
Reise Top-Ten 144
Wissenswertes zu Orten und Regionen 146
»arts & events« – Die Highlights Südtirols 152
Südtirol von A bis Z 154
Register 158
Impressum 160

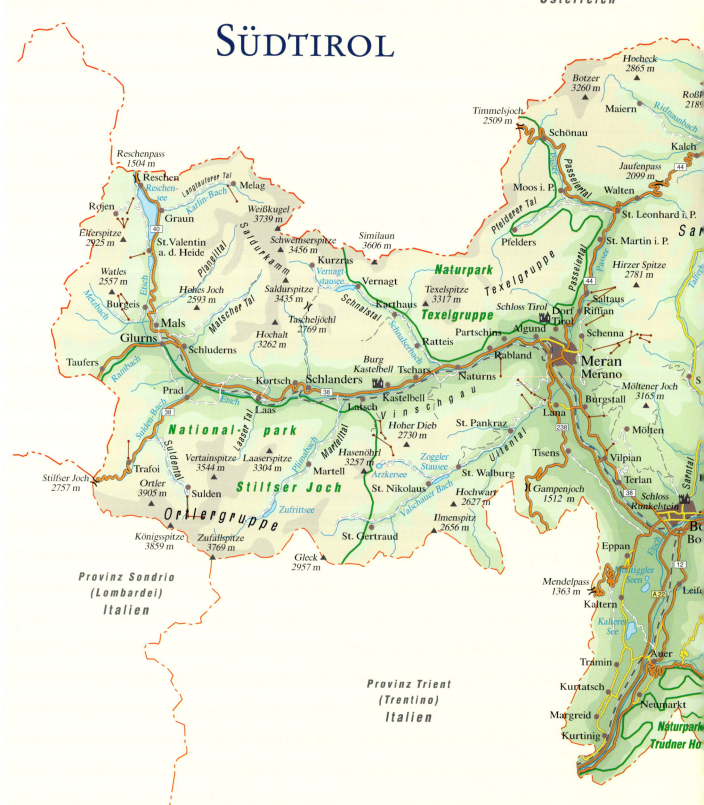

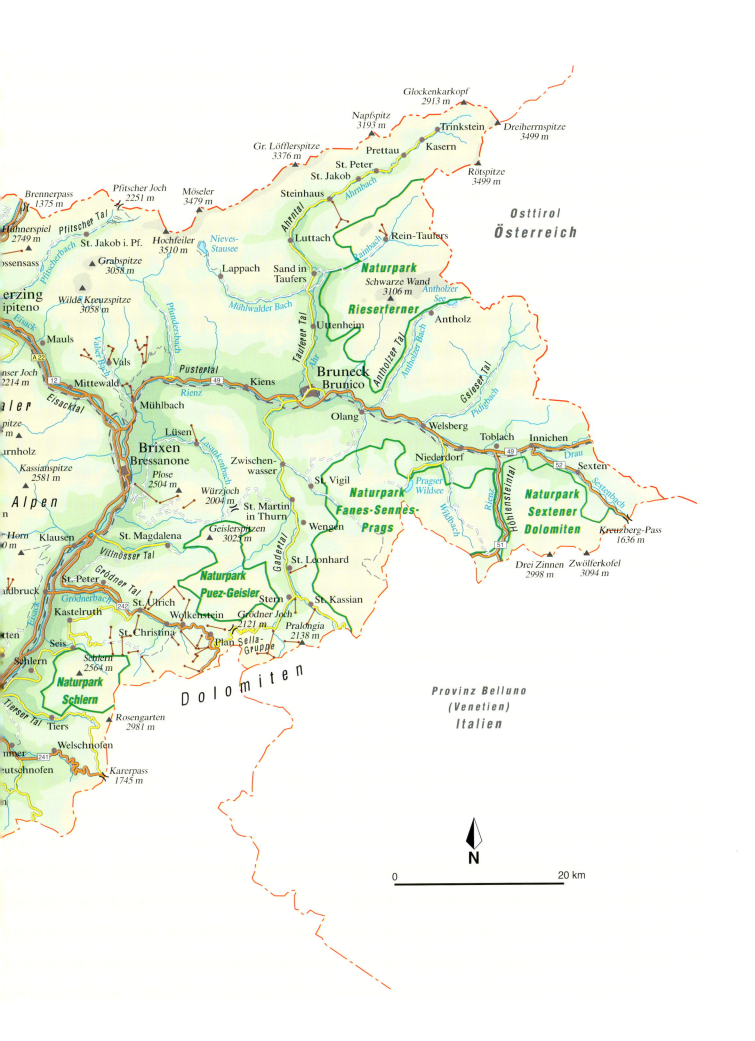

Kaleidoskop

Südtirol im dritten Jahrtausend nach Christus. Südtirol ist von italienisch- und deutschsprachigen Menschen bevölkert. Ganz Südtirol? Nein! Einige von unbeugsamen Ladinern bevölkerte Täler hören nicht auf, der Politik der definierten Trennung Widerstand zu leisten. Aber ganz so wie bei Asterix verhält es sich dann doch nicht. Der ganze Charme des Landes zwischen dem Brenner und Salurn kommt erst durch das Zusammenwirken der drei Sprach- und Kulturgruppen zustande, und das positive Bewusstsein für ein solches Zusammenleben wird für alle immer klarer.

Die Meraner Rose vor der Texelgruppe – Südtirol hat viel Eigenständigkeit, nicht nur in Form einer eigenen Rose.

Algunder Alltag:
Grüner Fiat, rote Geranien -
Südtirol wie es leibt und lebt.

Kaleidoskop

Beste Aussichten auf Gastfreundschaft:
das Wanderparadies Hirzer im Passeiertal

Urgestalten im Ladinerland:
Der Bildhauer Adolf Valazza macht
Legenden aus Holz.

Kaleidoskop

**Urgetüme vor Cortina:
Berge kennen keine Grenzen, selbst
wo sie sie darstellen.**

Ein Streifzug durch Südtirol

Sahnestückchen in der Hauptstadt: Schloss Maretsch in Bozen

Man braucht ein gutes Stück Fantasie, um zu verstehen, wohin der Satz gehört: »Geschäftsvorfall in Abwicklung«. Zu lesen bekommt ihn, wer Geld vom Bankomaten will. Zuallererst darf man die Sprache wählen. Fällt die Wahl auf »italiano«, bescheinigt das Gerät seinen Willen zu kooperieren mit den Worten »operazione in corso«. Fällt die Wahl auf »deutsch«, schnauzt der Bildschirm: »Geschäftsvorfall in Abwicklung« zurück und man weiß, man ist in Südtirol.

Das offizielle Gebot der Zweisprachigkeit ist zusammen mit dem so genannten Proporz eine der wichtigsten Errungenschaften der Südtiroler. Der Proporz, der in Südtirol schon Ende der 1950er-Jahre eingeführt wurde, regelt das Verhältnis der öffentlichen Stellenvergabe an die deutsch- und italienisch-sprachigen Südtiroler. 70 Prozent Deutsche, 30 Prozent Italiener – das ist der demographische Hintergrund. An die 20 000 Stellen werden heute proportional vergeben. Alle Verwaltungsplätze, jene in den Museen, Richter, Ärzte und natürlich alle Stellen in staatlichen oder exstaatlichen Betrieben, wie Post oder Bahn. Die Inhaber all dieser Stellen sind theoretisch zweisprachig, haben sich bei der letzten Volkszählung im Prinzip der »richtigen« Sprachgruppe zugehörig erklärt und sind offiziell kompetent.

Theoretisch, im Prinzip, offiziell? Nun, man erzählt sich Geschichten wie etwa die eines Mediziners, der sich um eine Arztstelle im Bozner Krankenhaus bewarb. Er gehörte der richtigen Sprachgruppe an, konnte prima deutsch und italienisch, nur mit dem Fachlichen haperte es ein bisschen ... – aber er bekam seine Stelle trotzdem. Denn der andere, der Bessere, war Italiener, und ein anderer Italiener hatte erst kurz zuvor aus denselben Gründen einen hervorragenden – deutschen – Chirurgen ausgestochen.

»Fatta la legge, trovato l'inganno«, sagen die Italiener weiter südlich der Sprachgrenze, und sie meinen damit, dass man in einem Land, in dem es deutlich mehr Regierungen als Nachkriegsjahre gibt, unmöglich alle Gesetze, die im Arbeitseifer der jeweils neuen Legislative entstehen, befolgen kann. Ist das Gesetz einmal da, findet man auch einen »inganno«, einen listigen Ausweg.

Auch in Südtirol, zum Beispiel bei der Vergabe von Richterstellen. Einmal, gar nicht so lange her, da wurden 20 solche Stellen ausgeschrieben. Sieben für Bewerber der deutschen, 13 für jene der italienischen Sprachgruppe. Alle mussten eine fachliche Prüfung ablegen, fünf bestanden sie letztendlich. Darunter drei italienisch und zwei deutschsprachige Richter. Hinterher stellte sich heraus, dass beide offiziell deutschsprachigen Bewerber eigentlich Italiener waren. Die Proporz-Geschichte kennend und vor allem mit dem 70/30-Schlüssel im Hinterkopf, hatten sie sich bei der

**Butterweich:
alte Traditionen auf der Seiser Alm**

letzten Volkszählung einfach der anderen Sprachgruppe zugehörig erklärt. Davon abgesehen, dass sich die italienischen Juristen seither lauthals über ihre deutschsprachigen Kollegen lustig machen, weil nur zwei falsche, aber kein echter die Prüfung bestanden hat, wurde klar, dass hier ein neuer Modus gefunden werden musste. Man fand ihn: seit dieser unrühmlichen Episode ist die Sprache bei öffentlichen Wettbewerben nicht mehr frei wählbar: Geprüft wird heute in der Sprache, die der Kandidat bei der Sprachgruppenzugehörigkeitsklärung angegeben hat. Mogeln kann dann nur mehr, wer wirklich perfekt zweisprachig ist, und dem sei mogeln gestattet. Doch diese Sprachgruppenzugehörigkeitserklärung ist für die Verwalter des Landes mehr als nur ein bürokratisches Monsterwort.

Es geht nicht um die Muttersprache allein, es ist eine Art Gewissenserklärung, das Bekenntnis einer Sprachgruppe anzugehören. Man hat sich deutsch zu fühlen, oder italienisch. Tertium non datur. Tertium datur aber doch. Und wenn man schon humanistisch daherkommen will, gilt in Anlehnung an den alten Caesar und seine gallischen Freunde auch ein weiterer lateinischer Satz: Tirolis omnia divisa est in partes tres.

Und zwar in mehrfacher Hinsicht. Geografisch gesehen zum Beispiel. Von einem kleinen napoleonischen Intermezzo abgesehen, umfasste das alte Tirol bis zum Ende des Ersten Weltkrieges ein Land: Ost-, Nord- und Südtirol. Die Überschreibung des südlichen Teils an Italien brachte das zähe Tiroler Herzblut in Bewegung. Wen mag es da wundern, dass das Interregnum der NS-deutschen Verwaltung zwischen dem Jahr 1943 und Kriegsende als zwischenzeitlicher Segen empfunden wurde. Auch heute

Alles Käse – Hans Baumgartner setzt auf Qualität.

noch gibt es Politiker, die in der Folge dieser Empfindung sagen, dass 1943 das Jahr der Befreiung war und dafür müssen sie nicht mal zurücktreten. Adolf Hitler soll in München einmal gesagt haben, dass die Südtiroler ihn einen Dreck interessieren. Als er aber im Einvernehmen mit seinem Amtskollegen Mussolini die Südtiroler 1939 vor die Wahl zwischen dem faschistischen Italien und dem nationalsozialistischen Deutschland stellte, optierte dennoch die überwiegende Mehrheit für Deutschland – auch aus Angst, andernfalls wie von den Leuten der damaligen NS-Propaganda prophezeit nach Süditalien ziehen zu müssen.

Hier und da kann man noch den aus dieser Zeit stammenden Satz »alles in deutscher Hand« hören und er meint, dass alles in Ordnung ist.

Davon abgesehen geht selbst die Feststellung, dass ganz Südtirol von italienisch- und deutschsprachigen Menschen bevölkert ist, an der Realität vorbei. Ganz Südtirol?, müsste man fragen. Nein! Einige von unbeugsamen Ladinern bevölkerte Täler hören nicht auf, der Politik der definierten Trennung Widerstand zu leisten. Die Sache mit den »partes tres«, diesmal ethnisch gesehen. »Ich habe das Gefühl«, sagt Raffael Kostner, Bauer, Hüttenwirt und Bergretter, »dass wir Ladiner in gewissen Sachen einfach ein bisschen anders denken.« Er fühlt sich weder besonders italienisch noch besonders deutsch. Als Ladiner, gehört er zu den ältesten, weil romanischen Bewohnern der Dolomitentäler, und er stellt fest: »Für die Deutschen sind wir Italiener, für die Italiener sind wir Deutsche.« So einfach kann es sein, und als Bergretter ist es ihm egal, welche Sprache ein Lawinenverschütteter gurgelt. Sprache ist in Südtirol überhaupt eine Sache für sich.

Fließend Deutsch und warmes Wasser. Das war einer der Werbesprüche, die für den Südtiroler Fremdenverkehr entwickelt wurden, und natürlich weisen die Touristiker auch gerne auf den Vorteil hin, dass sich hier deutsche und italienische Gäste ihrer Muttersprache bedienen können. Ein Land – zwei Sichtweisen: wer von Süden kommt,

Tradition raffiniert: das Vinschger Brot

Zeitenwandel Prettau: lebendige Geschichte im Tauferer Ahrntal

sieht das Tirol auf italienischem Staatsgebiet, wer von Norden anreist, freut sich über italienisches Flair im deutschen Sprachraum. Dazwischen liegt das Südtiroler Unterland, wo die Grenzen zwischen den beiden Landessprachen verschwimmen. Mezzpersort nennt man diesen sprachlichen Cocktail, und er beinhaltet Bemerkenswertes. »I halt dir die Kompanie«, sagt etwa einer, der einem Gesellschaft leisten will, und das ist nichts anderes, als die direkte Übersetzung der italienischen Formel »ti tengo compagnia«. In derselben Gegend fährt man »einen Camioncino mit walscher Targa«, wenn man einen Kleintransporter mit italienischem Kennzeichen besitzt, und geflucht wird sowieso im ganzen Land auf italienisch. »Je mehr wir trennen, desto besser verstehen wir uns«, hat ein südtiroler Politiker einmal gesagt.

Aber das ist lange her und heute wohl auch als Position überholt. 1982, bei der Fußball-WM, als Italien und Deutschland im Finale standen, enthielt das Spiel noch politisch und gesellschaftlich explosive Elemente. Es war die Zeit der zweiten Bombenattentatswelle, als der Vergleich mit Nordirland nicht allzu abwegig war. Der italienische Geheimdienst hatte damals seine Finger im Spiel. Bomben wurden gezündet, um sie den anderen in die Schuhe zu schieben. Wenn heute Italien im Fußball gewinnt, dann ziehen zwar italienischsprachige Fans mit wehenden Fahnen durch Bozen und johlen vor dem umstrittenen faschistischen Siegesdenkmal. Sie werden dafür von ihren deutschsprachigen Altersgenossen nicht besonders geliebt, aber das Spiel haben sie sich trotzdem angesehen, und freuen tun sie sich auch. Vielleicht stehen einige sogar am Straßenrand und sehen dem Taumel zu. Mehr noch: wenn südtiroler Studenten im benachbarten Ausland studieren, schimmert nicht selten ein bisschen Stolz durch die Feststellung, dass man zwei Sprachen spricht und sich als Italiener deutscher Muttersprache bezeichnen kann.

Als emotives Merkmal ihrer Herkunft gewinnt für die Jugendlichen im Lande der Dialekt immer mehr an Bedeutung. Schüler schreiben sich Briefe im Dialekt, und an Abendschulen kann man das Südtiroler Idiom pauken. Diese neue Liebe zur Mundart hat aber auch Schattenseiten.

Zum Beispiel bei der Zweisprachigkeitsprüfung, die als Voraussetzung für alle Stellen im öffentlichen Dienst abgelegt werden muss. Häufig müssen die deutschsprachigen Kandidaten diese Prüfung noch einmal wiederholen, weil sie die hochdeutsche Sprache nicht sauber genug herüberbringen.

Die Frage steht natürlich im Raum: ist die deutsche Hochsprache eine Fremdsprache für Italiener und Deutsche im Land? Bei der Diskussion darüber, ab wann den deutschsprachigen Kindern in der Schule der Italienischunterricht zugemutet werden kann, wurde dieses Argument manchmal ins Feld geführt. Zuerst müsse man Deutsch lernen, hieß es damals immer.

Stolze Herren – jeder Hof ist ein eigenes Universum, ...

Letztendlich wurde der Zweitsprachenunterricht ab der ersten Schulklasse trotzdem eingeführt. Dass die Notwendigkeit Deutsch zu lernen tatsächlich besteht, zeigt ein Blick in die handelsüblichen Speisekarten. Viele Südtiroler und Südtirolkenner haben es sich zur erheiternden Aufgabe gemacht, das Land nach korrekt verfassten »Menukarten« zu durchforsten.

Erfolgsmeldungen gibt es bisher keine. »Knödel mit Pilze (!)« zum Beispiel haben sich längst durchgesetzt, und hie und da trifft man auch auf die »Omelette mit Preiselbeere«. (Keine Sorge: es ist dann doch mehr als eine Preiselbeere dabei.) Südtiroler sind unkompliziert, und sie stellen sich eigentlich immer weniger oft die Frage, wohin sie wirklich gehören. Österreich, Italien, Europa ...??? Ein Volkslied bringt es auf den Punkt: »Tirol isch lei oans, a Landl a kloans.« Will heißen: Wer dazu gehören will, serviert die Pilze gefälligst ohne Dativ. »Da schlief ich nicht!«, rief ein Radfahrer einmal in der engen Bozner Laubenstraße einem deutschen Autofahrer zu. Der deutsche Tourist hatte sich dorthin verfahren, war stehen geblieben und machte dem Radler ein Zeichen, er möge doch vorbeifahren. »Da schlief ich nicht?« Nun, »schliefen« heißt zu Deutsch schlüpfen, in diesem Fall vorbeikommen. Die beiden redeten noch eine ganze Weile und fuhren erst viel später aneinander vorbei. Das Sich-besser-Verstehen zwischen Südtirolern und ihren Gästen: Auch dies ist ein Geschäftsvorfall, der in Abwicklung begriffen ist.

... in dem Farben und Stimmungen sich übers Jahr ergänzen.

Eisacktal & Wipptal

Eisacktal und Wipptal sind in Südtirol eigentlich eins. Nämlich jenes Tal, durch das der Eisack fließt. Aber die beiden Namen sind auch emotionale Orientierungspunkte: Wipptal heißt das Tal, das sich vom Brenner nordwärts erstreckt, aber bereits etwas südlicher beginnt – der Eisack ist ein Südtiroler Fluss. Der Herzschlag der Südtiroler war immer auch in Österreich zu hören, und die Verbindung der Bewohner des nördlichsten Südtiroler Talabschnitts zu ihren Nordtiroler Landsleuten, war immer besonders stark. Berge sind hier vor allem natürlich Grenzen, die Politik macht sie nicht unüberwindbarer.

Aus- und Einblicke: das Latzfonser Kreuz mit Blick auf die Dolomiten

Stimmung am Hof: Manchmal geht es rund. »Törggelen«, das Feiern mit Wein und Kastanien, wurde im Eisacktal erfunden.

Barocke Überraschung: das Schloss Wolfsthurn in Mareit, Ratschings, heute das Museum für Jagd und Fischerei

In der Fuggerstadt Sterzing, der »ersten Stadt« im Land. Die Neustadt stammt aus dem 15. Jahrhundert, der »Zwölferturm« ist das Zentrum der Einkaufsstraße.

»Der Pfarrer von Pflersch hats Pfingstbsteckt zspat bstellt«, sprachliche Höllenqualen im paradiesischen Pflerschtal

Südtirol aus dem Augenwinkel

Schöne Hölle: Raucht der Wasserfall im Pflerschtal, bleibt das Wetter gut.

Wer nach Südtirol will, fährt meistens über den Brenner, und wer über den Brenner nach Bozen will, fährt über die Autobahn durch das Eisacktal. Damit hört die Information über das Eisacktal für viele Südtirolbesucher auch schon auf. Zu Unrecht. Schon Goethe beschwerte sich zu Beginn seiner Italienreise darüber, dass sein Entree ins Land missglückte. »Die Postillions«, notierte er in sein Tagebuch, »fuhren, dass einem Hören und Sehen verging, so dass es mir leid tat, diese herrlichen Gegenden mit der entsetzlichen Schnelle und bei Nacht wie im Fluge zu durchreisen.« Zugegeben, der Brenner bot damals auch schon nicht die Masse an Attraktionen, und Goethe ließ sich wohl gerne dazu überreden, die Nacht nicht in der dortigen Poststation zu verbringen.

Trotzdem, irgendwas tut sich bei jedem Reisenden, der den Brenner in Richtung Süden überquert. Ohne den österreichischen Tirolern zu nahe treten zu wollen, es gibt ein Phänomen, das viele Südtirolreisende beobachten: kaum verlässt man den Niemandsland-Tunnel auf der Südseite, macht sich eine Stimmung von Sonne, holprigen Straßen, Pinien und Cappuccino bemerkbar, und wenn man erst mal den Milchschaum-Zuckersatz des ersten echten Cappuccino ausgeschlürft hat, ist man auch schon mittendrin. Eigenartig irgendwie, wie sich die Touristenströme überkreuzen. Die Gäste aus dem Norden zieht es meistens viel weiter in den Süden des Landes, die italienischen Urlauber fahren bis an die Grenze und verbringen ihre Ferienwochen in einem der nördlichsten Seitentäler Südtirols. Pfitsch, Pflersch, Ridnaun, sind die Seitentäler, die in dieser Reihenfolge vom Brenner kommend in das obere Tal des Eisacks, das Wipptal, münden. An sich sind diese Namen phonetisch unüberwindbare Hürden für die italienische Zunge, aber das macht vermutlich gerade den Reiz aus. »Der Pfarrer von Pflersch hot des Pfingschtbsteck z'schpat bschtellt.« Dieser Zungenbrecher entspricht wahren Höllenqualen für die Italiener im Lande. Übrigens: im Pflerschtal ist die Hölle nicht nur sprachlich offiziell beheimatet. Am Ende der wildromantischen Landschaft, Innerpflersch gibt es ganz reguläre Hinweisschilder und Pfeile, die den Weg zur »Hölle« markieren.

In den 1950er- und 1960er-Jahren war das Pflerschtal eine der beliebtesten Schmuggelrouten von Österreich nach Italien. Die Zeiten haben sich geändert, gottlob! und statt der Schmuggler sind auf der selben Route heute Wanderer und Biker unterwegs.

Walter Dorfmann zum Beispiel hat die italienisch-österreichische Grenze oft inoffiziell überschritten. Er war allerdings kein Schmuggler. Seine illegalen Grenzüberschreitungen führten ihn in den 1950er-Jahren ins Zillertal, um dort auf der Berliner-Hütte die Alpenvereins-Ausbildung als Bergführer zu machen. Topographisch gesehen beginnt das Eisacktal mit der alten Brixner Klause. Nördlich davon heißt es Wipptal, genau wie auf der österreichischen Seite, jenseits der Wasser- und Wetterscheide – obwohl der Eisack schon an der Staatsgrenze entspringt.

Walter Dorfmann war in seiner aktiven Zeit nicht nur Bergführer und Heimatpfleger, der Mann ist auch Geologe, Biologe, Publizist und Rebell. Sein Vater war Gemeindearzt in Klausen, »und ein überzeugter Liberaler«, wie Walter sagt, was zu seiner Zeit ungefähr gleichbedeutend war mit »Rebell«. Stolz präsentiert er die Schmuckstücke seiner näheren Heimat und erzählt nebenher Geschichten, die Südtirol bedeuten. »Einmal«, erzählt er, »ist mein Vater in der Nacht auf einen Bergbauernhof gerufen worden.« Eine Frau war wegen einer Schräglage des zu gebärenden Babys in Lebensgefahr und Vater Dorfmann eilte zu Hilfe. Aus irgendeinem Grund beschloss er damals, den jungen Walter mitzunehmen. Am Krankenbett überschlugen sich die Ereignisse. Während des Eingriffs fiel inmitten der ganzen Aufregung eine Öllampe auf den Boden, und der Arzt löschte mit einer Hand das Feuer, während er mit der anderen das Kind weiter in die richtige Position brachte. Am Ende waren Mutter und Kind wohlauf, und als der Arzt danach zum Bauern in die Stube ging, um ihm die gute Nachricht zu überbringen, sagte der Bauer: »Dös wird jetzt net allzu viel kosten, Herr Doktor«, und Vater Dorfmann haute ihm eine herunter. »Das ist der ganze Lohn, den ich verlange«, antwortete er. »Holzkopf«, mag man in Richtung Bergbauer denken. Aber das ist über ein halbes Jahrhundert her, „und es war das einzige Mal, dass mein Vater es für notwendig empfand, die Hand gegen jemanden zu erheben", sagt Walter. In Barbian, südlich von Klausen am Berghang, steht das erste Schmuckstück, das Walter Dorfman stolz präsentiert. Der Weg führt vorbei am beachtlich schrägen Kirchturm, der wie ein eingefrorenes Pendel über dem Dorfkern thront und hin zum letzten Hof auf der südlichen Dorfausfahrt: der Frühauf-Hof, vermutlich einst das Gerichtshaus der Gegend. Mitunter wurde diese klassisch-alpenländische Architekturschöpfung als »eines der vortrefflichsten Werke al-

Ganderbach: Walter Dorfmann kennt die wildesten ...

Rodeneck: ... und ruhigsten Ecken des Landes.

Kloster Säben: Maß halten in allem

Die Demut stellt sich ganz von alleine ein, wenn man sich auf den steilen Weg zum Kloster Säben macht. Die mächtige Anlage auf dem Porphyrfelsen hoch über Klausen atmet eine jahrhundertealte Geschichte. Schon die Römer kannten sie im vierten Jahrhundert als Sebenum, heute ist das Kloster der Benediktinerschwestern das älteste Zeugnis christlicher Tradition in Südtirol. Als einmal eine von Reinhold Messner angeführte Reisegruppe deutscher Top-Manager nach Säben kam und die Äbtissin dieser geballten Wirtschaftsmacht gegenüber stand, ließ sie es sich nicht nehmen, die Benediktiner-Regel vor ihren Gästen besonders deutlich hervorzuheben: »Maß halten in allem«, sagte sie, und fügte dann noch hinzu, »das täte auch Ihnen gut«. Die Manager mögen es gerne hingenommen haben. Der Blick von oben ins Tal und natürlich die Klosteranlage selbst, in der man übrigens auch einfache und kontemplative Ferientage verbringen kann, sind mit weltlichem Maß kaum zu messen.

Links oben: Lebensgeister: Im Kloster Säben wird Ruhe gelebt.

Dreikirchen: Jede Wanderung braucht auch ihre Pause.

penländischen Bauens im Raum zwischen Großglockner und dem Wallis« bezeichnet (Rudolph-Greiffenberg), und diese Euphorie ist durchaus nachvollziehbar. Heute gehört der Hof einem Hamburger Architekten. Dessen Vater, Johannes Wagner, war Bankier, Verleger und ein Freund von Walter Dorfmann. »Ein ganz besonderer Mann«, sagt dieser, »intelligent und großzügig.« Ganz offensichtlich hatte Wagner auch Geschmack und verliebte sich zur rechten Zeit in den rechten Ort. Als er die Restaurierungsarbeiten abgeschlossen hatte, bekam er eine Auszeichnung für fachgerechtes Restaurieren. »Der Bauer, dem der Hof gehörte«, erzählt Walter, »wollte das alte Gebäude eigentlich abreißen, weil er keine Verwendung dafür hatte«, und während Walter das sagt, hat man für einen Moment den Eindruck, als könnte man in der Denkblase hinter seinen Augen das Wort »Holzkopf« lesen. Vom zur Perfektion gebrachten Garten des Frühauf-Hofes sieht man Richtung Westen den Barbianer Wasserfall. »Da gehen wir hin«, sagt Walter. Der Weg ist nicht beschwerlich aber steil manchmal, und der Krafthaushalt ist unterschiedlich. Walter geht ruhig, gleichmäßig und mit der Überlegenheit des geübten Bergführers, ein beleibter Tourist fragt unterwegs fast japsend, wie weit es noch bis nach oben ist, ein viel älterer Bauer posiert stolz und ausdauernd mit seiner Kraxe und der schweren Milchkanne

Greifbar: die Kassianspitze vom Latzfonser Kreuz aus

für die Kamera. Die tosenden Wassermassen sind beeindruckend. Am 17. August 1891 zerstörte die übermäßige Kraft des Ganderbaches nach einer Serie von Wolkenbrüchen das darunter liegende Kollmann. 13 Häuser und 33 Menschenleben fielen der Wasserkatastrophe zum Opfer, ein Stausee verwüstete den Ort fast zur Gänze.

»Im Winter kommen hier wagemutige Sportler zum Eisklettern her«, erzählt Walter Dorfmann, »und im Sommer habe ich einmal im Wasserbecken an der oberen Rampe des Wasserfalls gebadet«. Beides verursacht ein flaues Gefühl in der Magengegend.

Am Rande des Wasserfalls wächst Baldrian. Eine praktische Zutat für jeden, der sich auf den kleinen Absatz über dem Wasserfall stellen und ins Tal schauen möchte. Weiter durch den Wald, bergauf und oben Richtung Dreikirchen. Walter erzählt. Von der Nacht zum Beispiel, in der er als Jugendlicher mit seinem Freund in den Wald geschickt wurde, um den Schriftzug »Freiheit für Südtirol« von einem Stein zu kratzen, den die beiden Buben zuvor statt der regulären Wegmarkierung für den Alpenverein übermütig hingepinselt hatten, vom Bürgermeister von Barbian, der es schaffte, zuerst ein polemisches Theaterstück zu schreiben, in dem so ziemlich jeder sein Fett abbekam, und der kurz danach trotzdem gegen den alteingesessenen Bürgermeister gewann. Einmal bleibt Walter stehen, und zeigt auf die andere Seite des Tales. »Das da drüben ist Albions«, sagt er, »ein Dorf zum ›Sie‹ sagen.«

Das kleine Dorf auf der anderen Talseite gehört heute immer noch zu den urtümlichsten des Eisacktales. Die Häuser und Höfe gruppieren sich licht um die sehenswerte St.-Nikolaus-Kirche, »und der Seitenaltar mit dem heiligen Georg im Hochrelief gehört zu den schönsten in ganz Tirol«, sagt Walter. »Als der Gemeinderat von Lajen, der auch für Albions verantwortlich ist, das Dorf asphaltieren wollte, legten sich die Albionser Gemeindevertreter quer.« Stattdessen werden nun die Dorfstraßen Stück für Stück mit Pflastersteinen versehen. Die Zeit verstreicht langsamer in Albions, und Walter, der Heimatpfleger, macht ein zufriedenes Gesicht. Dreikirchen ist Name und Programm. Das Interessante dabei ist, dass eigentlich niemand ganz genau weiß, warum die drei Kirchen so eng beieinander gebaut wurden. Theorien gibt es viele, aber keine geht über Vermutungen hinaus. Einig ist man sich nur darüber, dass die Geschichte Dreikirchens auch ein Kapitel über vorchristliche Kultstätten enthalten muss. Weibliche

Griffig: der Schnee auf dem Rosskopf oberhalb von Sterzing

Brixen: Das ruhige Spiel des Lebens

Brixen ist eine Stadt der Brixner. So sieht es eine Gastwirtin in der 1100 Jahre alten Stadt. »Die Restaurants und Geschäfte in der Innenstadt«, sagt sie, »leben hauptsächlich von den Einheimischen.« Ob das so stimmt? Tatsache ist, dass man bei einem Spaziergang durch die Altstadt eine erholsame Ruhe spürt, und die Brixner vermitteln den Eindruck, dass sie diese Ruhe sehr zu schätzen wissen. Trotzdem sind sie gastfreundlich und das sogar mit dem höchsten Segen. Papst Benedikt IV liebt es, seinen Sommerurlaub hier zu verbringen, und darauf sind die Brixner natürlich stolz. Klug sind sie in ihrem Selbstporträt: »Jedes Zeitalter«, heißt es, »schafft etwas für die Menschheit, wichtig ist, dass die Menschheit das Geschaffene erhält. Der Türknauf, der Rundbogen, die Freske, das Palais, die Lauben, der Dom. Kleine und große Dinge, Bauten, die von gestern erzählen und trotzdem in der heutigen Zeit leben. Kennen und Wissen ist nicht alles, aber viel. Und gerade vor diesem Bühnenbild fällt bei vielen der Würfel.«

Der Brixner Bischof Cusanus kommt einem in den Sinn. Im 15. Jahrhundert regierte der berühmte Philosoph und Mathematiker, der eigentlich Nikolaus von Kues hieß, hier, in der Brixner Hofburg und stritt mit dem damaligen Landesherrn, Sigmund dem Münzreichen, um die Vorherrschaft. Nebenher dachte er über »De ludo globi«, das Spiel des Lebens nach, und ließ eine angeschnittene Holzkugel formen, die seine Gäste wie beim Kegeln in einen Kreis auf dem Boden holpern lassen mussten. Der Zufall spielte mit, die Erkenntnis: das Leben ist nicht lenkbar. Letztlich musste Cusanus gegenüber seinem Landesherrn klein beigeben. Mit der Säkularisierung der kirchlichen Besitztümer, 1803, kam das Ende des geistlichen Reichsfürstentums Brixen, zu dem auch Klausen, Bruneck und einige Landgerichte gehörten, und als 1964 der Bischof in die Landeshauptstadt Bozen umzog, kehrte endgültig jene Ruhe in die Stadt ein, die höchstens noch einmal im Jahr vom Besuch des Papstes unterbrochen wird.

Quellgottheiten sollen dabei eine Rolle spielen und ein Wasserheiligtum, um das sich noch heute feministische Jünger und junge Feministinnen scharen. Alle drei Kirchen von Dreikirchen sind sehenswert: St. Gertraud, die älteste, St. Nikolaus, die wertvollste und St. Magdalena, die größte. »Allerdings«, erzählt die Wirtin des danebenliegenden Messnerhofes, »wird die St. Nikolauskirche als einzige, ›männliche‹ Kirche von den Kult-Damen am wenigsten geliebt.«

Was soll's, dafür gilt der darin enthaltene Flügelaltar als eines der bedeutendsten Werke der Tiroler Spätgotik. Wer hierher kommt, hat es nicht eilig. Man erreicht diesen gesegneten Ort nur zu Fuß, und zu Fuß bewegt man sich hier auch weiter. Nach Briol zum Beispiel, wo im Jahr 1908 Christian Morgenstern seine Ruhe und ganz nebenher auch seine Frau fand. Auf dem Weg hinunter ins Tal tritt langsam wieder die Autobahn in Erscheinung.

Statistisch gesehen sind in der Zwischenzeit rund 60 000 Menschen auf ihr vorbeigerauscht, sodass ihnen Hören und Sehen verging. Nach dem Barbianer Wasserfall, Dreikirchen, Briol, und den Geschichten von Walter Dorfmann nimmt man die Realität dieser verkehrstechnischen Hauptschlagader fast wieder ein bisschen überrascht zur Kenntnis. Obwohl die Autobahn immer da war, ist sie uns an diesem Tag nie aufgefallen.

Pustertal

»Schöne Welt – böse Leut«, hat der Pusterer Schriftsteller Claus Gatterer seine Bestseller-Beobachtungen des Pustertales genannt. Diese Kindheitserinnerungen Gatterers, in dessen Namen alljährlich in seinem Heimatort Sexten ein Journalistenpreis vergeben wird, gehen auf eine für Südtirol besonders wichtige Zeit zurück: die Nachkriegszeit des ersten Weltkriegs, als die heutigen Grenzen Südtirols festgesetzt wurden. Aber Gatterer ist nicht die einzige berühmte Gestalt, die mit dem Pustertal in Verbindung steht. Gustav Mahler ist auch eine und natürlich die überragenden Gestalten der Drei Zinnen.

Gastgebertraditionen: Das Haus Wassermann in Niederdorf ist heute ein Fremdenverkehrsmuseum.

Eigentlich mehr: Die drei Zinnen sind imposanter und zahlreicher als ihr Ruf.

Pragser Wildsee: leicht zu umrunden und doch eine kleine Welt

Ausgestellt:
Alte Höfe und Traditionen werden im Dietenheimer Volkskundemuseum präsentiert.

Frabenleere: Die Sextner Talwiesen zeigen die verschiedensten Varianten von Grün.

Das grüne Tal, und das ist nicht nur Käse

Fischleintal: Das Pustertal hat viele Naturschönheiten auf seinem Menü.

Was in aller Welt steckt hinter dem Wort »Luchta«? Was bedeutet »Fochina«? Und was hat man sich unter einem »Tallale« oder einem »Kachile« vorzustellen? Nur so viel: dies alles hat mit dem Pustertal zu tun.

Schüchtern sind sie ja nicht die Pusterer, schon gar nicht, wenn es darum geht, ihre Heimat, das so genannte »grüne Tal«, zu beschreiben. Zum Beispiel in einem Prospekt: »Im Anfang«, so steht da, »barst die Erdkruste, höchste Gipfel und Grate formten sich, und Gott sah, dass es gut war: Pustertal.« Für die echten südtiroler Pusterer hört die Welt westlich der Mühlbacher Klause, wo das Pustertal ins Eisacktal mündet, irgendwie auf. Was sich zwischen dort und dem Ostzipfel Südtirols, an der Grenze zum österreichischen Osttirol abspielt, genügt den südtiroler Pusterern vollauf. Vermutlich liegt das auch daran, dass das Pustertal tatsächlich recht gut bestückt ist: eindrucksvolle Berge, Schlösser, Seen und dann natürlich die Drei Zinnen, gewissermaßen die Claudia Schiffer unter den Bergmotiven. (Eigentlich sind es ja vier Zinnen. Aber erstens klingt Drei Zinnen wegen der biblischen Vollkommenheit einfach besser und davon abgesehen ist das den Pusterern egal. Ihr Selbstbewusstsein käme auch mit anderthalb Zinnen zurecht.)

Claus Gatterer, der berühmteste literarische Sohn des Pustertales, hat zu dieser charakterlichen Eigenart wunderbare Geschichten erzählt. «Schöne Welt – böse Leut» heißt der Roman, der den Schriftsteller aus Sexten berühmt gemacht hat, und er beschreibt das Leben typischer Figuren aus der Zeit nach dem Ersten Weltkrieg. Es war eine schwierige Zeit. Der Krieg hatte Sexten fast zur Gänze zerstört, und nachdem Italien sich am Ende geschickt noch schnell auf die Seite der Sieger geschlagen hatte und entsprechende Ansprüche stellte, war die große Frage, wo denn die Grenze zwischen Österreich und Italien gezogen werden würde. Die Konstrukteure des Staatsvertrags von Saint-Germain waren sich nicht ganz einig.

Noch im Sommer 1919, ein paar Wochen bevor der Friedensvertrag unterzeichnet wurde, ging man im Pustertal davon aus, dass die Grenze am Toblacher Boden, entlang der Wasserscheide, angesiedelt werden würde. Das Gebiet östlich davon, also Sexten, Innichen, Vierschach, Winnebach und natürlich die Drei Zinnen, wären dann bei Österreich geblieben. Aber es kam anders. Im letzten Moment tauchte ein Memorandum auf dem Tisch der Vertragspartner auf, wonach die neue Grenze über die Kämme von Helm und Silvesteralm und hinter Winnebach quer durch das Drautal gezogen werden sollte. Die Pusterer in Sexten fühlten sich geprellt.

»Alles papperlapapp«, lässt Claus Gatterer einen schweigsamen alten Bauern sagen, dem sie im Krieg das Haus neben der Festung zusammengeschossen hatten, und dessen stoische Philosophie ihm erlaubte, die Menschen gut sein zu lassen und sich selbst den Lohn für sein vierjähriges tapferes Verhalten vor dem Feind auszuzahlen. »Dass wir den Krieg gewonnen haben«, sagt dieser Mann, »weiß jedes Kind. Aber dass wir gleich ganz Italien bekommen würden, das hätte ich mir nicht gedacht.« Ein Pusterer bleibt ein Pusterer, selbst historische Ereignisse können da zur Ansichtssache werden. Das Pustertal ist ein extrem gastfreundliches Gebiet. Ganz gleich welche Sprache man spricht, egal ob man im Winter zum Skifahren oder im Sommer zum Wandern herkommt, man wird mit professioneller Freundlichkeit empfangen.

»Die Pusterer sind ein sehr dynamisches Volk«, sagt Hans Baumgartner, »sie sind offen und innovativ.« Der das sagt ist einer der vielen guten Köche im Land und der einzige Affineur. Als gefragter Koch bereitet er für seine internationale Klientel erlesene Speisen und bietet zudem wunderbar affinierte Käse-Kreationen, die den Duft verschiedener Täler kombinieren. Der ganze Charme des Landes wird zu einer geschmackvollen Einheit sublimiert. Ziegentaler Käse aus dem Hochpustertal zum Beispiel mit Himbeergeist aus dem Vinschgau, Gebirgskräuter aus dem Ultental und Ziegenfrischkäse aus Prags, Rotschmierkäse aus Innichen mit Gebirgsminze aus Matsch im Vinschgau. Baumgartners Fantasie ist grenzenlos auf diesem Gebiet. Sein Keller mit den gelagerten Eigenkreationen ist eine beeindruckende Schau. Baumgartner hat da eine be-

Wartestand: Das bäuerliche Leben hat klare Dynamiken.

Vorarbeiten: Holzmachen gehört auch immer dazu.

sondere Marktlücke entdeckt, und er weiß, dass sie bei seinen Gästen im Restaurant auch ankommt. Den meisten gehen schlicht die Augen über, wenn er seine Käsekreationen präsentiert. Da gibt es Erstaunliches zu sehen, zu riechen, zu schmecken und zu bewundern.

»Authentizität wäre das Stichwort«, sagt Baumgartner, »aber die Pusterer nutzen ihre Chancen zu wenig.« Was er damit meint, ist die Tatsache, dass das »Grüne Tal« eigentlich wesentlich mehr zu bieten hätte, als nur das, womit sich viele Touristen zufrieden geben. Mag sein, dass immer wieder jemand kommt, der seinen Kaffee so will, wie er in einer deuschen Autobahnraststätte schmeckt, möglich auch, dass manche Gäste eine Ananas-Thunfisch-Pizza brauchen, um im Urlaub glücklich zu werden, aber das kann die Zukunft nicht sein. Zumal das Pustertal in vielen Bereichen eine kulinarische Tradition hat, die sich sehen lässt. Die Milchwirtschaft hat gesunde Standbeine, der Kornanbau wird gepflegt, die Pusterer Kartoffel ist berühmt und beim Fleisch, braucht man sich hier keine Sorgen zu machen. »Für die Gäste wird das auch immer wichtiger«, sagt Baumgartner, »nur braucht eine solche Spezialisierung eben auch eine bessere Organisation.« Baumgartner formuliert vorsichtig. »Ich bin ja kein echter Pusterer«, sagt er. In Mühlbach ist er hart an der Identifikationsgrenze des Tales, und die

Authentizität ist das Stichwort, ein Leben im Sinne der Traditionen.

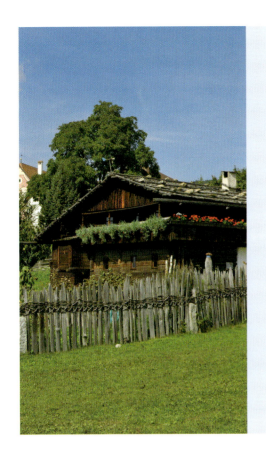

Landesmuseum für Volkskunde

Seit 1976 kann man hier veritable Zeitreisen in die vergangenen Jahrhunderte bäuerlichen Lebens im Alpenraum machen. Auf das rund 3 Hektar große Freigelände wurden Gehöfte und Nebengebäude gesetzt und zum Teil neu errichtet. Der Rundgang führt durch Ställe, Strohstadel, Hauslaben, Stiegen, in die Gärten, zu Mühlen mit wassergetriebenen Werken und zu Almhütten. Sitz und Mittelpunkt des Museums ist ein alter herrschaftlicher Hof, der eben zu jenem Weiler Dietenheim gehört, der erstmals im Jahr 995 urkundlich erwähnt wurde. Am Erker des Ansitzes sind neben der schmucken Sonnenuhr auch die Wappen der Erbauer, nämlich die Familien Sternbach und Moor, aufgemalt. Was sich um diesen Hof herum schart, ist echtes Leben der Vergangenheit, Bauwerke, die im wirklichen Leben wahrscheinlich der Gegenwart geopfert worden wären. Dazu lohnt auch ein Blick in die weltweit größte Zithersammlung. Hier kommt zwangsläufig die Erkenntnis, dass hinter diesem vielsaitigen Instrument weit mehr steckt als nur ein dritter Mann.

»echten« Pusterer lassen sich von außen nicht gerne belehren. Dennoch: »Das Pustertal hätte kulinarisch so viel zu bieten«, sagt er, und das Konditional beginnt aufzufallen. »Originelle Gasthäuser gibt es im Pustertal immer weniger, dafür aber an fast jeder Ecke eine Pizzeria.« Und dabei, so Baumgartner, können die Pusterer »Tirtlan« jeder Pizza Paroli bieten. Nur werden sie kaum mehr angeboten, obwohl sie ein Teil der Tradition sind.

Tirtlan, das sind kleine Teigtaschen aus Roggenmehl, die wahlweise mit gewürztem Sauerkraut, Spinatpüree oder süßem Mus gefüllt werden. Vor allem bei den Dorffesten kann man diese in Öl ausgebackene Spezialität noch bekommen. Zum Beispiel beim jährlichen Stegener Markt in der Nähe von Bruneck. Mit einem dieser Pusterer Tirtlan in der Hand lässt es sich wunderbar an den Schaubuden vorbei und durch den Viehmarkt flanieren.

Hans Baumgartner ist zuversichtlich. Initiativen wie »Ahrntal Natur«, die sich das Produzieren und Fördern der originären, puren Produkte des Pustertales auf die Fahne geschrieben haben, gewinnen immer mehr an Bedeutung.

»Die Küche im Pustertal entwickelt sich schon«, sagt Hans Baumgartner am Ende. »Bald werden die ganzen sinnlosen Kreationen aus den Gasthäusern verschwinden und wieder mehr Ursprüngliches angeboten werden. Schon allein deshalb, weil das die Gäste so wollen.«

An Gästen, auch solchen, die Könige waren, hat es im Pustertal nie gefehlt. Um die vorletzte Jahrhundertwende galt Toblach etwa als der Höhenluftkurort schlechthin. Jeden Sommer fand sich hier die noble Prominenz des hohen Adels ein. Der österreichische Kaiser Franz Joseph zum Beispiel, der sich mit einem Sonderzug der Südbahn von Wien ins Hochpustertal bringen ließ. Oder die Familie Rothschild, die in den damals besonders gerühmten Bädern des Pustertales Erholung vom Alltag suchte. Ein theoretisches Bild für Götter: der Kronprinz von Preußen und die Könige von Belgien und Sachsen: »Würdet Ihr geruhen mir die Seife zur reichen?« Der Gast war hier König fürwahr.

Anfang des 18. Jahrhunderts soll es in den warmen Zubern auch mal weniger gesittet zugegangen sein. Doktor

Freude in und an der Natur

Bruneck: Flanieren in der einzigen Stadt

Groß ist sie ja nicht, die Stadt in der Mitte des Pustertales. Aber dafür stolz, wie ihre knapp 14 000 Einwohner. Stadt und Burg Bruneck wurden im Jahr 1251 durch den Brixner Fürstbischof Bruno von Kirchberg und Bullenstätten gegründet, und wenn man aufmerksam durch die Altstadt wandert, kann man noch einige Häuser entdecken, die den Geist der Gründerzeit in sich tragen. Im Übrigen ist Bruneck schlicht die einzige Stadt im Pustertal und damit eine ehrenwerte Dame mit dem Anspruch von Welt.

Im Winter vor allem, wenn die Dame schlohweißes Haar trägt und die schneegedämpfte Ruhe etwas lauter wird, ist in dieser Gegend so richtig was los. Tagsüber bietet der Kronplatz, Brunecks 2275 Meter hoher Hausberg mit seinen 85 Kilometern präparierten Pisten, einen Rundumblick auf das beeindruckende Bergpanorama und auch sonst alles, was das Ski-Herz begehrt, und am Abend lässt es sich gut durch den malerischen Stadtkern flanieren. Besonders bemerkenswert sind die historischen Gebäude in der Stadtgasse, in der im ausgehenden 15. Jahrhundert der berühmte Tiroler Künstler Michael Pacher seine Werkstatt hatte. Ein Umstand übrigens, auf den sogar Pacher selbst stolz gewesen sein muss, weil er seine Herkunft auf dem berühmten Altar in der Pfarrkirche von St. Wolfgang verewigte.

Ganz in der Nähe, am Eingang des Tauferer Ahrntales, liegt St. Georgen, unstreitig die älteste Siedlung des Pustertales. Und wenn man schon die Gegend um Bruneck erkunden will, lohnt sich ein Ausflug nach Dietenheim, dem Dorf der malerischen Edelsitze. Hier befindet sich das eindrucksvolle »Heimatmuseum für Volkskunde«, in dem man fast wie aus erster Hand das mitunter harte Alltagsleben des alpenländischen Bauern erleben kann.

Ein Blick auf den gerade aktuellen Veranstaltungskalender ist besonders empfehlenswert. Die Palette der Initiativen auf dem Kultursektor reicht von Ausstellungen berühmter Künstler bis hin zu Theaterfestivals und Veranstaltungen junger heimischer Künstler. Mag sein, dass die Stadt an Einwohnern nicht groß ist, aber dafür ist es deren Elan umso mehr.

Bruneck, die einzige Stadt im Pustertal, ist eine ehrenwerte Dame mit dem Anspruch von Welt.

Franz Xaveri von Knöring fand das gar nicht lustig und brachte diesen Ärger zu Papier: »Leider«, schrieb der entrüstete Arzt, »hat bey Mann und Weibsbildern dieser schädliche Brauch eingerissen, dass mancher den gantzen Tag wie ein Frosch in der Lacken, oder ein Bruthenn auf de Ayern, bis an den Hals versenkt darinnen (in der Badewanne) huckt, ja noch dazu auff der Wannen das Fressen (derff's wohl sagen) einbringt, damit er hierdurch sein Bad-Cur desto ehnder vollenden möge ..., und manchmal sind auch solche, die durch continuierliches Dantzen, Springen, Hupffen und ungeheures Geschrey sich herfürtun ...« Armer Doktor. So wenig es ihm offenbar auch gefiel, die Heilbad-Tradition hat sich mancherorts bis heute gehalten. Wer will, kann im Gsieser Tal sogar in Milch baden und Joghurt trinken, oder umgekehrt oder beides.

»Hier ist es wunderherrlich und repariert ganz sicher Leib und Seele ...«, schrieb Gustav Mahler, der in den Jahren 1908 bis 1910 seine Sommerfrische in Toblach verbrachte. Ob und wie viel er badete ist nicht überliefert, wohl aber, dass er hier fleißig komponierte. Seine Neunte Symphonie etwa entspringt der Inspiration der Toblacher Landschaft, ebenso die unvollendete Zehnte.

Mitunter nahm Gustav Mahler sogar die weite Schiffsreise aus Amerika in Kauf, um in seinem Komponierhäuschen, das man heute noch besuchen kann, seine Ruhe zu finden. Ein bisschen heikel soll er gewesen sein. Man erzählt sich, dass er einmal darauf bestand, den Bretterzaun, der sein Häuschen umgab, mit Stacheldraht zu versehen. Offenbar hatten er und seine drei Klaviere die Aufmerksamkeit neugieriger Kinder geweckt und damit seine Konzentration gestört. Ein andermal soll er sich abfällig über die musikalischen Fähigkeiten eines krähenden Hahnes geäußert haben, der es sich nicht nehmen ließ, dem berühmten Komponisten pünktlich und regelmäßig ein morgendliches Ständchen zu bringen. Der Trenker-Bauer, dem sowohl das Häuschen als auch das Federvieh gehörte, wäre damals sogar bereit gewesen, dem

Gockel den Hals umzudrehen, so ernst nahm er seine gastgeberischen Pflichten. Aber Mahler winkte ab. Der Gockel krähte weiter, und der Komponist schrieb das Lied von der Erde. Aber das Pustertal ist natürlich nicht nur das, was sich mit dem Katalog der wichtigen Namen zwischen Mühlbach und Sexten abspielt.

Die Faszination erwächst aus der Reichhaltigkeit des Unterschieds. Im Ahrntal zum Beispiel, das sich von Bruneck aus nach Norden ausdehnt, ist man vom touristischen Mainstream nur wenig berührt worden. Ganze 14 Dreitausender umthronen das Tal. Romantisch ist es hier, wild und rau. Wegen der Abgeschiedenheit des Tales haben hier Eindrücke überlebt, die anderswo verloren gegangen sind. Das Brauchtum zum Beispiel und der Dialekt, einzigartig in Südtirol. »Wo gehen S' denn hin?«, fragt Udo, der Fotograf, sein Motiv, eine ältere Bäuerin. – »Oh, lei Zigarettlan houl'n fir an Bui«, antwortet die Frau, und Udo, der Nichtraucher, tadelt: »Das ist aber nicht gut, dass Sie dem Buben Zigaretten kaufen.« – »Na na, s'isch lei wegn 'n Krumpanan«, antwortet die Bäuerin, was in der Übersetzung und insgesamt bedeutet, dass der Bui, der natürlich kein Kind, sondern einfach der Sohn ist, Zigaretten braucht und dass dies allenfalls wegen des behinderten Fußes der Bäuerin ein Problem darstellt. »Soll er sich die Zigaretten doch selber holen«, denkt sich Udo bei sich. Aber die Uhren laufen hier eben anders.

Im Mittelalter bestimmte der Bergbau das Leben des Tales und sorgte für einen heute noch sichtbaren wirtschaftlichen Aufschwung. Das Bild gleicht vielen anderen Bergbaugebieten: prächtige Ansitze auf der einen Seite, einfache Höfe und kleinwüchsige Menschen auf der anderen. Fünf Jahrhunderte lang schürften die Menschen hier nach dem Wohlstand der Bergwerksbesitzer.

In Prettau und Steinhaus kann man die noblen Häuser bewundern, die damals von den Inhabern des Ahrntaler Handels errichtet wurden. Das Faktorhaus mit seinen Erkern und Gewölben zum Beispiel, wo heute Post und Gemeindeamt untergebracht sind. Irgendwann ging es dann wieder abwärts mit dem Aufschwung, die Kupferschwemme aus Amerika machte dem Ahrntaler Bergbau ein Ende. Als im Jahr 1893 das letzte Bergwerk stillgelegt wurde, mussten die Prettauer Knappen und deren Frauen eine andere Einnahmequelle finden, und sie fanden sie im Kunsthandwerk.

Das Klöppeln gewann in dieser Zeit an Bedeutung, die Tradition des Masken- und Wurzelschnitzens ebenso. Seit ein paar Jahren ist der über 1000 Meter lange Ignaz Erbstollen als Teil des Südtiroler Bergwerksmuseum für die Öffentlichkeit wieder zugänglich. Ein Erlebnis, das in Erinnerung bleibt. Zuerst mit dem Zug in den Bauch des Prettauer Berges, dann unter Tage in die enge Welt der Knappen. Von der Schneewittchen-Romantik der sieben Zwerge bleibt da nicht mehr viel übrig. Auch sprachlich nicht. Unvorstellbar: »Wer hot fa main Tallale gessen? Wer hot fa main Kachile trunkn? Und wer hot in main Bettstattl gschloufn?« Ach ja: »Luchta« sagen die Pusterer zum Dorf Luttach im Weißenbachtal, und »Fochina« hieße eigentlich Ahornach und ist ein besonders anmutiger Weiler bei Sand in Taufers. Pustertal eben.

Am weißen Sonntag feiert das ganze Dorf ...

... die Erstkommunion der jüngeren Mitbürger.

Pustertal

Dolomiten

Die Dolomiten: sagenhafte Naturspektakel und die dritte Sprache im Lande. Uriger als die Gebrüder Grimm, spannender als Reinecke Fuchs. Auf der Seiser Alm, der größten Hochalm Europas, ist der Rettungshubschrauber des »Aiut Alpin Dolomites« stationiert. Wenn Raffael Kostner, der Chef des Flugrettungsdienstes nicht gerade durch die Felswände rotiert, serviert er seinen Gästen Speisen und Geschichten auf der Almhütte. Zu erzählen gibt es hier genug, und für Bergsteiger und Abenteurer wie Reinhold Messner gibt es auch nach allen Achttausendern der Welt keine schöneren Berge als die Geislerspitzen von Norden.

Rieserferner: Zum Greifen nah ist der Kreuzkofl bei St. Kassian.

Eingedrungen: im verschneiten Zaubergarten des Königs Laurin

Dolomiten

Karersee und Latemar: Impressionen, die sich ergänzen

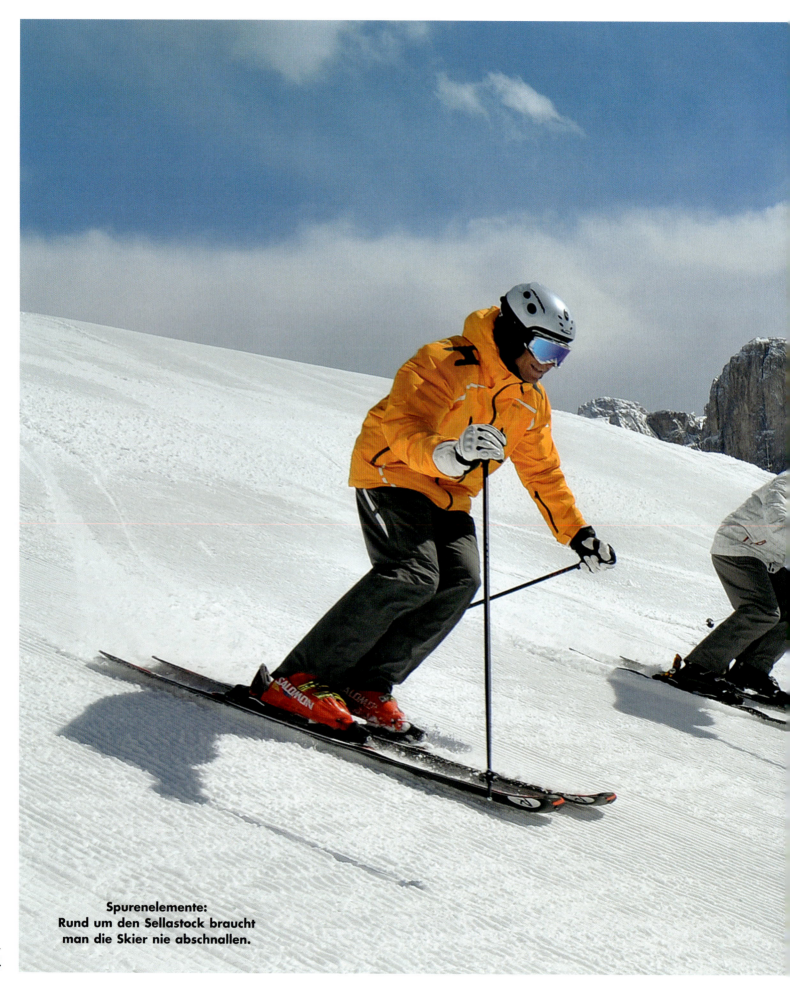

Spurenelemente:
Rund um den Sellastock braucht
man die Skier nie abschnallen.

**Südtirol Massiv:
Vom Grödner Joch aus setzt
sich der Sellastock in Szene.**

Wo Reinhold Messner geprägt wurde

Blickfeld: Die Seiser Alm vor der Kulisse von Lang- und Blattkofl.

Vor gar nicht allzu langer Zeit versuchte ein äußerst prominenter Moderator einer österreichischen Volksmusiksendung eine möglichst einfache, dem Programm gemäße Definition von Südtirol zu geben. »Südtirol«, sagte er, »das bedeutet hohe Berge, schöne Täler, Deutsche und Italiener. Mehr Deutsche, als Italiener.« Ob das wirklich das ist, womit man sich für Südtirol zufrieden gibt? So schmeichelhaft der erste Teil dieser Umschreibung auch sein mag, der zweite ist nämlich bestenfalls unvollständig. Raffael Kostner zum Beispiel fühlt sich weder besonders italienisch noch besonders deutsch, er ist Ladiner. Und wenn er das jemandem erklären muss, der von diesem ältesten Südtiroler Volk mit romanischem Ursprung noch nie etwas gehört hat, fügt er hinzu: »für die Deutschen sind wir Italiener, für die Italiener sind wir Deutsche.« So einfach kann es sein.

Kostner ist Bauer, Hüttenwirt und Bergretter. Seit 30 Jahren betreibt er auf der Seiser Alm, der größten Hochalm Europas, ein Gasthaus, in dem vor den Augen seiner Gäste alles gekocht wird, was die ladinischen Gaumen schon seit Jahrhunderten erfreut. Es dampft, knarrt und blubbert, wenn man die Sanonhütte betritt. Die modernen Stahlflächen von Grill und Abzug haben sich ohne weiteres mit dem raubeinigen Holz der Hütte angefreundet. Alles harmoniert und ist doch erst nach und nach entstanden.

»Zuerst hatten wir hier nur zwei Skilifte«, erzählt Raffael. »Aber dann haben unsere Gäste immer öfter gefragt, ob man nicht auch etwas zu essen bekommen könnte, und wir haben die Hütte gekauft und angefangen zu kochen.«

Zuerst führte das zu Schwierigkeiten mit den Nachbarn, die um das eigene Geschäft bangten. Es wurde gestritten, missgönnt und immer wieder mal darauf hingewiesen, dass das ganze Unternehmen Kostners ja illegal und lizenzlos laufen würde. Irgendwann hatte Raffael genug davon, und beantragte die entsprechende Lizenz.

»Damals«, sagt er heute, »war das noch etwas leichter«, und man fragt sich, wie er das meint. Ein bisschen, na gut, vielleicht auch ein bisschen mehr als ein bisschen, hat sich Raffael Kostner dann natürlich gefreut, als er sah, dass die Befürchtungen der Nachbarn, hier könnte eine echte Konkurrenz entstehen, berechtigt waren.

Der Koch wirbelt durch eine warme Dunstwolke, und wenn man nicht gerade an einem der hohen Stresstage vorbeischaut, hat das Team auch noch Zeit für ein Lächeln.

»Im Sommer kocht meine Frau«, sagt Raffael, »und im Winter nehmen wir zwei Köche dazu. Ich will nicht, dass meine Frau alles macht.«

Ganz gleich wer nun am Herd steht, die Sanonhütte bietet einfache Kost, die sich aus den besten Grundsubstanzen der beiden anderen Kulturen zusammensetzt: Kartoffelgröstl mit Gemüse aus der großen Pfanne, Fisolensuppe mit Knödel oder »Salsiccia con polenta«. Natürlich ist Raffael Kostner als Ladiner dabei auch in Sachen »Menukarte« sprachlich mittendrin. Deshalb heißt das hausgemachte Wurstgericht in der deutschen Übersetzung der Speisekarte hier ganz selbstverständlich »Salsiccia mit Polenta«. Wenn das keine ethnisch-pragmatische Entspannung ist …

Was Sprachen angeht sind die Ladiner aber sowieso privilegiert. »Meine Tochter«, erzählt Raffael stolz, »hat mit zwei Jahren schon drei Sprachen gesprochen.« Heute bewegt sie sich vollkommen frei zwischen den drei Kulturen und genießt den daraus erwachsenen Vorteil in vollen Zügen. Zu Recht, mag man hinzufügen.

»Ich habe das Gefühl«, erklärt Raffael Kostner, »dass wir Ladiner in gewissen Sachen einfach ein bisschen anders denken. Wir sind ein touristisches Tal, da haben wir keine Vorlieben für die Deutschen oder die Italiener.«

So weit es überhaupt Sinn hat, einzelnen Volksgruppen Charaktereigenschaften zuzuordnen, darf man den Ladinern einen ausgeprägten Geschäftssinn zusprechen. Zumal den Bewohnern des Grödentales.

»Der Grödner ist im Allgemeinen höflich und zuvorkommend«, schreibt Edgar Moroder, ein Publizist, Lehrer und Forscher der ladinischen Kultur in dem Buch über seine Heimat, und er meint, dass der Grödner diese Eigenschaften »besonders gegen Fremde« sichtbar macht und zwar auch deshalb, »weil er zu sehr Kaufmann ist.« Zu sehr Kaufmann? Das hören die Grödner vielleicht gar nicht so gerne. Fast wie zum Trost, aber dafür mit schier inbrünstiger Überzeugung, legt Moroder etwas später dann erst rich-

Das Leben wird in Südtirol …

… gerne als Weg von der Arbeit …

… zur Zufriedenheit gesehen.

Hofstellen: Jeder, der auf einem Bauernhof lebt, wird in die Alltagsarbeit eingebunden. Aber nicht alle bleiben bis ins Alter dabei.

tig los: »Der Grödner«, schreibt er, »ist sich wohl bewusst, dass er viele Gebirgsbewohner an Weltgewandtheit und Geschicklichkeit überragt. Und wenn er auch stolz darauf ist und diese Überlegenheit mitunter in seinem Benehmen zu erkennen gibt, so ist er im Allgemeinen doch zu klug und zu bescheiden, um diesen seinen stillen Stolz durch Prahlerei oder törichte Überhebung zur Geltung zu bringen.« Nicht schlecht, aber die Grödner haben tatsächlich allen Grund für den Patriotismus, der aus diesen Zeilen spricht. Wohlklingende Namen sind in ihren Tälern gewachsen, Namen, die bei einem Besuch dieses Gebietes immer wieder auftauchen. Luis Trenker zum Beispiel, oder der oscargekrönte Komponist Giorgio Moroder. Luis Trenkers Grab ist immer noch eine Pilgerstätte für viele Fans, und seine heroische Körperhaltung mit dem nach oben zeigenden Finger und der Beschriftung »I muss auffi« ist neben den Heiligenfiguren ein beliebtes Motiv für die Grödner Holzschnitzer. Und dann natürlich die Dolomiten. Nicht alles, was zu den Dolomiten gehört, gehört auch gleichzeitig zu Ladinien. Aber das, was der wahrhaftig namhafte Geologe Deodat Guy Sylvian Tancred Grated de Dolomieu bei seinen Forschungswanderungen durch Italien, Tirol und Graubünden im Jahr 1789 als eine eigene Mineralspezies erkannte, und was deshalb seinen Namen trägt, wird überwiegend mit Ladinien identifiziert. $CaMg(CO_3)_2$, oder Calcium-Magnesium-Carbonat, so lautet die nüchternste Beschreibung, die wissenschaftlichste Reduktion der bleichen Berge. Aber das ist so, als würde man einen Kuss als das Aufeinanderlegen zweier kreisförmiger Schließmuskel im Zustand der Kontraktion beschreiben. Die Dolomiten sind natürlich viel mehr: sagenhafte Felsformationen, urige Zeitenwächter, magische Erlebnisspeicher und stoische Helden.

Reinhold Messner, der unbestrittene Held der Achttausender-Berge, ehemaliger Europaparlamentarier, Weltstar, Museenmacher und der verzweifeltste Verehrer seiner Südtiroler Heimat, hat den Dolomiten immer wieder sein Herz geschenkt. Im Jahr 1949, als Fünfjähriger, prägte ihn auf der Gschmagenhartalm sein erster Eindruck von den Bergen. »Es war überwältigend«, schrieb er später, »so überwältigend, dass ich gerade dort, wo ich aus dem Wald hinaustrat, später eine Hütte gebaut habe. Und mein ganzes Leben lang bin ich von dort aus geklettert.«

Gehen, immer weiter gehen, das wurde für Reinhold Messner bald zum Credo. Fahrrad fahren lernte er erst mit zwölf Jahren, und man sagt ihm nach, dass er bis heute noch nicht schwimmen gelernt hat. Dafür ist ihm als Motor die Neugierde geblieben, mit der der Bub, umgeben von Riesen, aufgewachsen ist. Die Frage, was wohl hinter dem nächsten Bergrücken liegt und hinter dem folgenden, hat ihn zu den wichtigsten Gebirgsketten der Erde geführt, zu den Anden, in den Himalaja, in die Antarktis, nach Ozeanien, Japan und Alaska. Und am Ende dieser Reisen stellte Reinhold Messner fest: »Ich habe keine größeren Berge kennen gelernt als die Geislerspitzen von Norden. Vielleicht war ich so überrascht in meinem Kindesalter, so endlos erstaunt als Fünfjähriger, dass

Das Turnier, wo Wolkenstein ritt

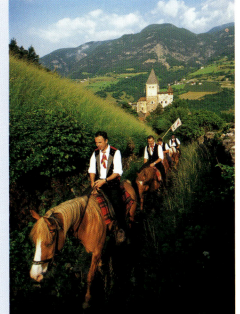

Wer sich jemals die Frage gestellt hat, was es denn eigentlich mit dem Satz »jemandem die Stange halten« auf sich hat, ist gut beraten, einmal beim Wolkensteinritt vorbeizuschauen. Einmal im Jahr geht dieses bunte Turnier rund um den Schlern über die Bühne, und es spielt vor einer sagenhaften Kulisse. So spektakulär und einzigartig ist die Veranstaltung, dass man sich nicht zu wundern braucht, wenn sich hier mitunter Reporter amerikanischer Tageszeitungen unter das Publikum mischen. Vier Reiter auf 16 Beinen gehören einer Mannschaft an, und wenn jeder von ihnen die Aufgabe einer Station geschafft hat, halten sie sich zu viert die Stange und preschen halsbrecherisch und eng beieinander zur Zeitlinie. Das Turnier hat nichts mit einem mittelalterlichen Zweikampf zu tun. Wenn die Reiter am Kofl in Kastelruth auf ihren schnaubenden Pferden im Galopp die Stange durch einen kleinen Ring werfen und dahinter wieder auffangen, wenn sie am Matzlbödele in Seis behutsam durch das Labyrinth treten ohne die wackeligen Stangen am Boden von der leichten Verankerung zu werfen, dann ist bei Ross und Reiter jedes Mal vor allem Geschicklichkeit gefragt. Ebenso beim Hindernisreiten am Völser Weiher und beim letzten Turnierspiel, dem Torritt im Schatten von Schloss Prösels. Natürlich winken der Siegermannschaft auch Geldpreise, aber wirklich glücklich macht die Reiter eigentlich nur die Standarte mit dem Kopf des einäugigen Namensgebers Oswald von Wolkenstein. Wer diese Trophäe dreimal bekommt, darf sie endgültig behalten. Viermal ist das bisher passiert, je zweimal mit den beständigsten unter den besten Rittern, nämlich den Mannschaften aus Kastelruth und Völs. Der Stolz, der damit einhergeht ist beachtlich und reicht ganz sicher bis in das Einzugsgebiet der amerikanischen Tageszeitung, die darüber in großen Lettern geschrieben hat. Der Wolkensteinritt wird einmal jährlich, Mitte Juni ausgetragen.

jene Eindrücke nie mehr übertroffen werden können.« Ein gutes Gefühl, lautet sein Resümee, »und eine Liebeserklärung an die Dolomiten.«
Dass Messner heute trotzdem, geografisch am Gegenpol, in Meran und im Vinschgau auf Schloss Juval lebt und nicht am Fuße der Geislerspitzen auf der Gschmagenhartalm, tut dieser Liebe keinen Abbruch. »Ich suchte neben Harmonie auch Geschichte«, sagt er, »und Granit macht mich ruhiger als Kalk und Dolomit.« Wenn man ihn heute fragt, welchem Gebiet er sich zuordnen würde, ob dem Vilnössertal, wo er geboren wurde, den Dolomiten, wo er seine ersten Klettererfahrungen gemacht hat, Meran oder Schloss Juval, zögert er einen Augenblick. Vielleicht auch deshalb, weil die gebotene Auswahl eine krasse Reduktion ist und Reduktionen Reinhold Messners Sache nicht sind. Dann aber sagt er bestimmt: »Ich bin Südtiroler«, und ärgert sich ein bisschen, dass er das sagen muss. Im Sommer 2006 eröffnete er auf Schloß Sigmundskron in Bozen ein großes Bergmuseum. Zur Schadenfreude unter anderem gegen alle Neider, ein neuer Berg, hinter dem man ihm den nächsten wünscht.
Das Funkgerät im hinteren Teil der Sanonhütte knarrt, ein Funkspruch. Die Zentrale des Rettungsdienstes in Bozen leitet einen Notruf an den von Raffael Kostner gegründeten Bergret-

Ausblick: Der Langkofl vom Sellajoch aus gesehen.

tungsdienst weiter. Ein verrenkter Touristen-Knöchel auf einem leichteren Klettersteig. Der Hubschrauber steht gleich neben der Hütte, das Team mit dem Arzt, dem Bergretter Raffael und dessen Bruder, dem Piloten Gabriel, startet auf seine Mission. Rund 500 Einsätze fliegen Raffael und sein Team jedes Jahr zwischen Juni und Oktober und in der Wintersaison. Routine ist der Schlüssel, nicht zuletzt für Gabriel, den Piloten. Wenn sich die Maschine auf Zentimeterdistanz einer überhängenden Wand nähert, bleibt nichts dem Zufall überlassen. Unten, auf der Erde wird die Seiser Alm mit steigender Höhe immer übersichtlicher, gleichzeitig verlieren die starren Riesen wie Rosengarten und Sellastock mit der Nähe ihre gewohnten Konturen. Die Geschichte des Zwergenkönigs Laurin enthält eine entsprechende Botschaft: Vom Etschtal bis zum Schlern, so will es die Sage, erstreckte sich das Reich des kleinen, aber zaubermächtigen Königs. Laurin lebte tief im Erdinnern in einer kristallenen Burg und seine Untertanen gruben für ihn unermessliche Schätze an Gold, Silber und Edelsteinen aus den Felsen. Oben aber, im Licht der Sonne inmitten steinernen Felsengewirrs, hatte sich der König einen herrlichen Garten angelegt, in dem viele prächtige Bäume, blühende Sträucher, wundersame Blumen und duftende, zahllose Rosen Auge und Herz erfreuten. Jeder der vorbeikam, durfte den Anblick aus gebotener Distanz genießen. Aber wehe dem, der es wagen sollte, den goldenen Faden, der den Zaubergarten umzäunte, zu zerreißen oder ihn, ohne die Erlaubnis des Königs, zu betreten. Dies hätte den Tod des Eindringlings zur Folge. Diese Geschichte wäre natürlich keine gute Geschichte, wenn sich alle Welt an das Verbot gehalten hätte. Es kam, wie es kommen musste: das blühende Paradies wurde von grobschlächtigen Rittern zertrampelt, König Laurin besiegt und am Ende blieben dem arg geschröpften Zwerg und seiner Nachwelt nur mehr der Trost, dass der zu Stein gefrorene Rosengarten in der Dämmerung glüht. Nicht bei Tag, nicht in der Nacht, nur dazwischen. Ikarus lässt grüßen.

Laurins Mythos lebt. Selbst in der Gegenwart. Der kleine König mit dem großen Garten und den dazugehörenden Untertanen hält noch immer viele Menschen in seinem Bann. Zum Beispiel den Bildhauer Adolf Valazza.

Anblick: Die Grödner Holzschnitzer verbinden ihre Kunst mit ihrer Heimat.

St. Martin in Thurn

Wenn Ladiner über sich und ihre Kultur ein eigenes Museum einrichten, dann ist klar, dass es eine Sache sein muss, die sich von den restlichen Museen im Lande abhebt. Das gebietet schon der Stolz und das Selbstbewusstsein dieser Volksgruppe. Also legte man dem Museum ein ganz eigenes Konzept zu Grunde. Wer hier herkommt, bekommt die Welt der Ladiner selbstverständlich in deren Sprache präsentiert. Natürlich soll das nicht heißen, dass das Museum damit nur für die rund 35 000 Ladiner im Land gebaut wurde.

Jede Erklärung, jede Geschichte kann auch synchron in der Sprache des Besuchers gehört werden. Aber das Ladinische soll und kann nicht überhört werden. In einem Raum des Museums kann man sich auf einem Sprachatlas über die Geschichte und die mögliche Weiterentwicklung dieser ältesten Sprache des Alpenraums informieren. »Hier haben wir das wahre museum in progress«, sagt der Wiener Dieter Bogner, der unter anderen mit dem Konzipieren des neuen Museums beauftragt wurde.

Der Sprachatlas ist ein aufschlussreicher Zusatz zu den sonst auch recht greifbaren Exponaten zur Geschichte der Ladiner, und Dieter Bogner freut sich darüber, dass er überall aus dem Vollen schöpfen durfte. Sitz des ladinischen Landesmuseums ist das Schloss von St. Martin in Thurn im Südtiroler Gadertal. Die Öffnungszeiten sind Dienstag bis Samstag von 10 bis 18 Uhr und Sonntag von 14 bis 18 Uhr. Montag ist Ruhetag, zumindest in diesem Punkt wollten sich die Ladiner nicht vom Rest der Welt unterscheiden.

Der besann sich, nach 30 Jahren immer lustloseren Herrgottschnitzens, dieser greifbaren Welt und formte aus den Hölzern verfallener Almhütten ebenso knorrige Gestalten. Totems, Dämonen und Fantasie-Körper waren die Folge und dazu sachverständiger Applaus. Einmal ließ sich ein Kunstkritiker mitunter zur Bemerkung verleiten, dass die Skulpturen des Valazza, ihm selbst am ähnlichsten sind. Valazza kann dieserart Ironie nicht aus der Ruhe bringen, sein Erfolg gibt ihm unumwunden Recht. Welche Geschichte die Totems erzählen, welche Rolle sie jeweils spielen? Schweigen, die Totems spielen Geschichte.

Socciastel: Der Hofname bedeutet »unterm Schloss« auf Ladinisch.

Gröden: Schnitzen was das Zeug hält

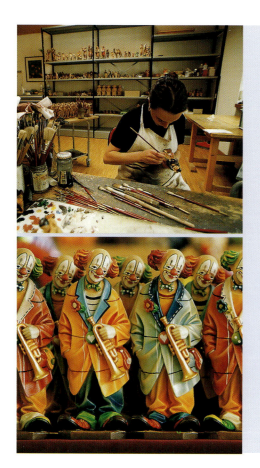

Der Kunstsinn der Grödner ist weltbekannt, böse Zungen behaupten sogar: berüchtigt. Tatsache ist, dass die Grödner Holzschnitzer eine Tradition haben, die nicht nur in Südtirol ihresgleichen sucht. Die Liste der Kunstschnitzer ist so lang, dass man sich wundern mag, wie denn die Einzelnen davon leben wollen. Aber wirkliche Sorgen muss man sich nicht machen, die Grödner Holzschnitzkunst, egal ob sakral oder profan, hat ihre Anhänger überall auf der Welt. Die Tradition der Grödner »Herrgottschnizer« ist zu Beginn des 17. Jahrhunderts entstanden, weil die lange Winterzeit irgendwie überbrückt werden musste. Aus dem Zeitvertreib ist dann aber schnell ein gutes Geschäft geworden, und darauf, so geht die Rede, verstehen sich die Grödner besonders gut. Im Winter schnitzen, im Sommer verkaufen. So mag das zumindest früher einmal gewesen sein, als das Tal von der Außenwelt noch einigermaßen abgeschnitten war. Die Zeiten haben sich geändert. Heute wird das ganze Jahr über sowohl geschnitzt als auch verkauft. Besonders wertvolle Exemplare aus der Geschichte der Grödner Holzschnitzkunst, lassen sich im Heimatmuseum bewundern.

Der verunglückte Knöchel ist schnell versorgt, der dazugehörige Tourist bald wieder am Boden. »So unspektakulär sehen die meisten Einsätze aus«, sagt Raffael Kostner, und man glaubt ihm, dass er froh darüber ist. Von den anderen Fällen, jenen, die dem ganzen Team an die Nieren gegangen sind, erzählt er selbst nicht gerne, und auch Gabriel, der Pilot hält sich zurück. Im kleinen Raum mit dem Funkgerät, im hinteren Teil der Sanonhütte, sitzen die drei Männer einfach ruhig da und hoffen, dass niemand den goldenen Faden von Laurins Reich übertritt und das Funkgerät wieder knarrt. Raffael Kostner eilt am Ende noch einmal vor die Tür: »Übrigens«, sagt er mit einem Augenzwinkern, »unser Rettungsdienst heißt ›Aiut Alpin Dolomites‹. Das ist weder deutsch noch italienisch. Das ist ladinisch.«

Das zu sagen, war Raffael Kostner offensichtlich wichtig. Keine Frage, in Sachen Kurzbeschreibung verdient Südtirol auch in Volksmusiksendungen einen ernsthafteren Versuch.

Aufgekocht: Urrezepte auf der Sella-Alm

Aufgespielt: die Musikkapelle von Kastelruth

Dolomiten

Bozen

Bozen, die Landeshauptstadt, hat in den letzten Jahren eine auffällige Veränderung durchlebt. Viele sprechen von einem deutlich spürbaren Gähnen des Dornröschens. Tatsächlich hat sich die Schlafende inzwischen aber auch schon die Glieder gestreckt. Kulturell ist einiges los: ein großes Theater wurde gebaut. Kulinarisch ist man auf den Geschmack gekommen: immer mehr Restaurants suchen den internationalen Vergleich, und natürlich gibt es den Kassenmagneten: Ötzi, die Gletschermumie im archäologischen Museum. Sozusagen das hochoffizielle Dornröschen in der größten Stadt der Provinz.

Umrahmt: Die Weinberge von St. Magdalena schmücken das Zentrum Südtirols.

Machtbauten: Während der Faschistenzeit wurden architektonische Signale gesetzt. Zum Beispiel das Gerichtsgebäude in Bozen.

Brückenschlag: Das Museum für moderne Kunst scheut keinen internationalen Vergleich.

**Eingekehrt:
Im »Nadamas« auf dem Obstmarkt
ist man in guter Gesellschaft.**

Bozen

Erhaben:
Die Bergkette Rosengarten blüht stoisch über den Hügeln von Bozen.

Dornröschen reckt sich

Hausberg: Der Ritten ist die Sommerresidenz alteingesessener Bozner Familien.

Als Wolfgang Amadeus Mozart in jungen Jahren einmal durch Südtirol reiste, zeigte er sich von Bozen wenig beeindruckt. Er nannte es kurz entschlossen ein Sauloch und fasste die spärlichen Eindrücke, die er während seines kurzen Aufenthaltes in der heutigen Wangergasse sammeln konnte, in einem Brief an seine Schwester eher unwirsch zusammen. »Soll ich kommen nach Botzen«, schrieb er, »so schlag mich lieber in d' Votzen«, und aus. Tatsächlich kam er nie wieder zurück, oder zumindest hat er es auf seinen späteren Reisen nie mehr für notwendig empfunden, Bozen in irgendeiner Weise zu erwähnen. Aber was soll's.

Der Mozart gibt seit über 200 Jahren keinen Ton mehr von sich, und Bozen hat sich als äußerst gastfreundliche Stadt längst rehabilitiert. In großem Stil sogar. Zugegeben, noch vor einigen Jahren machte Bozen einen eher verschlafenen Eindruck. Zumal am Abend, wenn so gegen 10 Uhr die Bürgersteige hoch geklappt wurden. Mittlerweile hat die Landeshauptstadt aber eine auffällige Veränderung durchlebt. Manche sprechen von einem deutlich spürbaren Gähnen des Dornröschens.

Tatsächlich hat die Schlafende inzwischen aber auch schon die Glieder gereckt. Kulturell ist einiges los, kulinarisch ist man auf den Geschmack gekommen und natürlich gibt es den großen Kassenmagneten: Ötzi, die Gletschermumie im Archäologischen Museum. Sozusagen das hoch offizielle Dornröschen. Italienweit rangiert das Ötzimuseum, wie es üblicherweise genannt wird, sogar an dritter Stelle, wenn es um die Besucherzahlen geht. Wen mag es überraschen. Die

Wregglmacher und Federkielsticker

Orientiert man sich am Sarner Dialekt, müsste man das Sarntal mit vier a schreiben – eine ganz eigene Sprache, die hier gesprochen wird. Im Sarntal ist alles noch sehr urtümlich, und ohne Zweifel liegt das auch daran, dass die Sarner an beiden Enden des Tales seit jeher mit zwei natürlichen Schleusen leben. Zum einen das 2214 Meter hohe Penser Joch, das gut sieben Monate im Jahr zugeschneit ist und das nördliche Talende abriegelt, zum anderen die enge Talferschlucht am Talanfang, in der heute zwar 19 Tunnel den Autofahrer schützen, die aber früher mit ihren steilen Porphyrwänden über der Talfer immer wieder von gefährlichen Steinschlägen gemartert wurde. Kein Wunder, dass das Tal im ersten Stück kaum besiedelt ist. Ist man aber mal am Ziel, lohnt es sich zu verweilen. Das Kunsthandwerk wird hier groß geschrieben, besonders die Federkielstickerei, und jeden Sonntag, wenn die traditionsbewussten Sarner in ihre Kirchen strömen, zeigt sich die urtümliche Pracht der Sarner Kleidung. Mit dazu gehört das »Wreggele«, eine kleine handgeschnitzte Tabakspfeife. Ehrensache, dass die Sarner alles tun, um die Tradition der »Wregglmacher« und Federkielsticker aufrecht zu erhalten. Nicht nur, weil ihnen ihre Geschichte wichtig ist, sondern auch, weil sie gute Geschäftsleute sind. Das haben die Sarner, die auch mal als die deutschesten Südtiroler bezeichnet wurden und deshalb von Hitlers Lieblingsregisseurin Leni Riefenstahl als Komparsen für »Das blaue Licht« engagiert wurden, mit ihren italienischen Landsleuten in Südtirol gemeinsam. Der Sarner »Kirta«, zu Deutsch Kirchtag, ist ein Markt, bei dem man alle diese Sarner Eigenschaften auf einen Schlag geboten bekommt. Und man sieht auch einige gute Exemplare der Haflingerpferde, die die Sarner als die ihrigen sehen. Sich in dieser Sache auf einen Streit einzulassen ist nicht empfehlenswert. Denn eine andere Eigenart der Sarner hat sich ebenfalls bis in die heutige Zeit erhalten: sie sind ein bisschen dickschädelig und darauf auch ein bisschen stolz.

Geschichte der Gletschermumie ist eine, die durch die ganze Welt ging. 1991, als der 5300 Jahre alte Ötzi im Schnalstaler Gletscher gefunden wurde, konnte noch niemand wirklich überblicken, wie sehr der Fund die Archäologenwelt wachrütteln würde. Aber es dauerte nicht lange, bis alle Zweifel aus der Welt geschaffen waren und Ötzi zum unbestrittenen Star der Neuzeit wurde, mit einem aufschluss-

Die Bozner Altstadt bietet ...

... viele lohnenswerte Einblicke.

»Cool Tour« von der Gotik zur Moderne

Manche Dinge des Alltags sind so schön, dass man sie gerne einrahmen möchte, und viele Schönheiten, die uns umgeben, sind so alltäglich, dass man sie kaum mehr wahrnimmt. Es sei denn, man geht mit offenen Augen durch Bozen. Vor allem im Sommer, wenn die Stadt zum heißen Brutkasten wird, erfrischt der kühle Pfad der Kultur. Galerien laden zum Verweilen ein, das Museum für moderne Kunst bietet lohnenswerte Expositionen. Davon abgesehen, ist die Stadt selbst eine wahre Fundgrube für Kunstkonsumenten.

Seit dem 13. Jahrhundert, und Dank der Grand Dame des Handels, Claudia de Medici, ist Bozen eines der wichtigsten Handelszentren des Alpenraums. Schon immer machte der ster des 14. Jahrhunderts, ist indirekt, als künstlerische Zündschnur sozusagen, für einen neuen Erzählstil zu spüren. Vorausgesetzt freilich man schaut hin. Auf die Franziskanerkirche zum Beispiel, genau an der Schnittstelle zwischen Streitergasse, Franziskanergasse und Obstmarkt. Eine kleine Offenbarung: während die gesamte ursprüngliche Ausmalung der Kirche bis auf einige Fragmente im Dachboden verloren gegangen ist, haben sich im Klosterkomplex eine Reihe von Fresken aus dem 14. Jahrhundert erhalten. Sie umfassen Beispiele sowohl des gotischen Linearstiles als auch der Giotto-Schule, und ermöglichen damit einen Blick auf verschiedene Etappen, welche die für das 14. Jahrhundert typische Entwick-

Musikkonservatorium, hat es in sich. Der Klosterkomplex geht auf das Jahr 1272 zurück. Neben einer bemerkenswerten Anzahl von einzelnen Votivbildern findet man hier auch die bedeutendsten Werke der von Giotto beeinflussten Kunst auf Südtiroler Boden. Die Kapelle wurde im Auftrag von Boccione de Rossi, einem Angehörigen der Florentiner Bankiersfamilie, die sich in Bozen niedergelassen hatte, mit einem von den Boznern selbst kaum beachteten Freskenzyklus ausgemalt. Comics des Mittelalters mit Erzählungen des Marienlebens, der Nikolauslegende und jener von Johannes dem Täufer. Allesamt Zeugen des langen Armes, der den ersten Meister der Dominikaner mit Giotto verband. Natürlich gibt es, etwas

Umstand, dass Bozen als Schnittpunkt der Kulturen von den Einflüssen aus dem Süden und dem Norden profitieren konnte, den besonderen Reiz der Stadt aus. Auch in künstlerischer Hinsicht. Maler, vor allem Wandmaler, aus dem Norden und dem Süden, trafen aufeinander. Es kam zu Überschneidungen zwischen den jeweiligen Stilen und natürlich zu Beeinflussungen der lokalen Maler. Giotto, der große Meilung der Malerei charakterisieren. Die aus dem ersten Jahrzehnt dieses Jahrhunderts stammenden Malereien in der Erhardkapelle, in der nordöstlichen Ecke des Kreuzganges, werden sogar als das qualitativ höchste Zeugnis des Linearstiles in Bozen gehandelt und stellen das älteste Moment im dekorativen Bereich des Klosters dar.

Aber auch die Johanneskapelle im Dominikanerkloster, dem heutigen außerhalb von Bozen auch viele andere Kirchen und Kapellen, die den Schmuck des 14. Jahrhunderts in sich tragen. St. Johann im Dorf etwa, St. Magdalena in Prazöll, oder St. Martin in Kampill. Und dann gibt es natürlich noch das Schmückstück der Stadt, die Bilderburg der Bozner: Schloss Runkelstein am nördlichen Stadtrand mit dem größten erhaltenen profanen Freskenzyklus des Mittelalters.

Neuzeit: das Forschungszentrum Europäische Akademie

Altstadt: der Kreuzgang des Klosters Muri Gries

reichen Gruß aus der Kupferzeit. Ganz Bozen war in medialem Aufruhr, als nach einem ausgiebigen Forschungsaufenthalt in Innsbruck und einem anschließenden Gerangel um die Besitzrechte zwischen Österreich und Italien, die Gletschermumie in einem unscheinbaren getarnten Kühlwagen nach Südtirol gebracht wurde. Wann immer an diesem Tag ein unscheinbarer Kühlwagen in die Nähe des Museums kam, klinkten sich eifrige Redakteure live in internationale Nachrichtensendungen ein und berichteten was das Zeug hielt. Nie zuvor bekamen die Bozner Frischmilch- und Fischlieferanten so viel Aufmerksamkeit wie an jenem Tag. Ötzis tatsächliche Ankunft war dann demgegenüber ganz unspektakulär: ein paar Polizisten, eine Bahre, sonst nichts. Stoisch grient die berühmte Mumie seither aus ihrer dunklen Kühlzelle dem kleinen Schaufenster entgegen, und die Besucher blicken neugierig zurück. Ob am Ötzi wirklich noch alles dran ist? Die Frage wird, vor allem von jungen Besuchern, oft gestellt. Die Antwort: es gibt im Museum einiges mehr zu sehen. Und natürlich auch in Bozen. Die Faszination der tiroler Stadt mit dem Blick gen Italien bestand schon, bevor der Ötzi nach Bozen kam.

»Hinc ceteros excoluimus lingua, legibus, artibus« schrieben die Faschisten Mitte der 1920er-Jahre auf das Siegesdenkmal jenseits der Talferbrücke. »Von hier aus«, heißt das in der Übersetzung, »haben wir die anderen durch Sprache, Gesetz und die Künste kultiviert.« Ein provokanter Unsinn. Den Faschisten ging es damals darum, aus Bozen mit allen Mitteln eine italienische Stadt zu machen. Mussolinis Originalton: »Wenn die Deutschen verprügelt und zerstampft werden müssen, um Vernunft anzunehmen, wohlan, wir sind bereit.« In kurzer Zeit machte der Diktator das tirolische Bozen mit seinen 25 000 Einwohnern durch die Umsiedlung italienischer Arbeiter aus dem Süden zur 100 000 Einwohner schweren Industriestadt Bolzano. Deutsch zu sprechen war in der Öffentlichkeit nicht erlaubt, schon eine Lederhose galt als Provokation. Doch die Tiroler blieben trotz aller unterdrückenden Maßnahmen stur. »Lingua leckibus Arschibus« spötteltten die übermütigen Jugendlichen in dieser Zeit, und pinkelten gegen das Denkmal. Der Vergleich mag hinken, dennoch: Mussolini hat dem Land ebenso wenig Recht und Ordnung gebracht, wie der Ötzi Bozen Kultur.

Für die Bozner gibt es eine altehrwürdige Liste von acht Punkten, die das Glück ausmachen. Der Südtiroler Volkskundler Karl Theodor Hoeniger brachte sie auf humoristische Weise in Reimform zu Papier:

So alt wie die Stadt und aus gutem Holz, ist der Bozner Schlag und der Bozner Stolz. Jedoch um ein richtiger Bozner zu sein, genügt nicht nur der Heimatschein. Dazu muss man seit alten Zeiten auch teilhaftig sein der acht Seligkeiten, durch die ein jeder, noch eh er stirbt, bei uns hier den Himmel auf Erden erwirbt. Als erste muss man unter den Lauben ein Haus besitzen. Um eigene Trauben und eigenen Wein für den Hausgebrauch zu haben, muss man zweitens auch in Gries oder in Zwölfmalgrein mit einem Höfl begütert sein. Ganz uner-

Alte Helden: Ötzis Zuhause im Archäologiemuseum

lässlich ist auch zum dritten ein Sommerfrischhaus am luftigen Ritten. Und damit verbunden das Recht zum Tragen des weißen Mantels mit rotem Kragen. Vor Gott und den Menschen sich richtig zu zeigen, sei viertens jedem ein Kirchenstuhl eigen. Dazu als Ergänzung im weltlichen Sinne hat fünftens man eine Loge inne – im Stadttheater. Und sintemal ein jeder dieses Jammertal verlassen muss zu einer Zeit, und nach der Bozner Seligkeit zur ewigen wird eingeladen, ist sechstens unter den Arkaden am Friedhof ein Familiengrab vonnöten und zum siebten hab' man – dieser Punkt ist wenig klar – nur einmal jedes halbe Jahr die Wäsche, weil man Gott sei Dank, sie reichlich hat in Truh und Schrank. Als achte verlangen die einen genau, man müsse verwandt sein mit der Frau von Zallinger oder – wofür ich bin – verheiratet mit einer Boznerin; denn dieses war zu jeder Zeit die höchste Bozner Seligkeit. Gianni Bonadio kommt der Sache mit den Seligkeiten schon recht nahe. Zumindest in einer abgewandelten, in die heutige Zeit übersetzten Form. Er selbst stammt aus Kalabrien, hat eine Südtiroler Frau, jede Menge Trauben für den Hausgebrauch und bestimmt war er schon mal im Theater. Vor allem aber ist Gianni die erste Adresse am Bozner Obstmarkt, und der Obstmarkt ist ohne Zweifel die wichtigste Bozner Seligkeit außer lyrischer Konkurrenz.

»Du brauchst keinen Salat mitzunehmen, den hat schon deine Frau gekauft, nimm lieber diese Erdbeeren, die schmecken deinen Kindern besonders gut.« Gianni kennt seine Kundschaft, und er weiß, dass der Obstmarkt mehr ist als ein buntes Bilderbuch in realtime. Hier trifft man sich, hier läuft das tägliche Leben der Bozner ab. Natürlich war der Obstmarkt schon immer auch ein Schaufenster für Touristen. Goethe zum Beispiel nahm sich zu Beginn seiner Italienreise die Zeit, um einen ausführlichen Blick auf das Markttreiben zu genießen: »Die vielen Kaufmannsgesichter«, notierte er in sein Tagebuch, »freuten mich beisammen. Auf dem Platze saßen Obstweiber mit runden, flachen Körben, über vier Fuß im Durchmesser, worin die Pfirschen nebeneinander lagen, dass sie sich nicht drücken sollten, ebenso die Birnen …« Heute haben die Körbe gedeckten

Neue Händler: Gianni hat vieles zu bieten.

Der Ritten – von gegenüber

Es ist wahrhaftig Ansichtssache. Wer den Rittner Berg von Kohlern aus, also von jenem ausgelagerten Stadtteil Bozens betrachet, der orografisch links vom Eisack auf der Höhe liegt, mag sich wundern, was denn an diesem traditionellen Sommerfrisch-Hausberg Bozens so besonderes sein soll. Und in Kohlern, wo sich ebenfalls einige Bozner Familien ihre Sommerresidenzen aufgebaut haben und wohin 1908, ein Jahr vor dem Bau der großen Seilbahn auf den Zuckerhut in Rio de Janeiro, immerhin die erste Schwebebahn der Welt gebaut wurde, wird man in diesem Punkt durchwegs auf Zustimmung stoßen. Aber die wahre Pracht des Rittens erkennt man erst, wenn man dort ist. Es ist ein bisschen so wie die Grundsatzfrage bei der Wohnungssuche: ist es besser in einem schönen, prunkvollen Haus zu wohnen oder im kleinen Haus gegenüber, von dem aus man das schönere Haus sieht? Nun, die Bozner »Noblesse« entschied sich frühzeitig für den Ritten und so wurde der Besitz einer »Sommerfrisch«, zumal im märchenhaften Weiler Himmelfahrt, für jeden, der dazugehören wollte recht bald »oblige«. Im Ergebnis traumwandelt man heute in Oberbozen am Ritten zwischen prächtigen Ansitzen und urtümlichen Bauernhöfen in einer vor lauter Schönheit fast unwirklichen Welt umher. Natürlich lohnen auch Wanderungen zum Beispiel zu den Erdpyramiden oder auf das Rittner Horn. Aber man kann auch gemach wie zur Zeit der höchsten Blüte der Oberbozner Gesellschaft mit der ehrwürdigen Schmalspurbahn zwischen Klobenstein und Oberbozen pendeln und einfach den Ausblick genießen. Die »Sommerfrisch« hält was ihr Name verspricht, und während im Talkessel die Landeshauptstadt bei ihren Höchsttemperaturen mit den italienischen Spitzenwerten konkurriert, kann man am Ritten im Schatten ausladender Linden das beeindruckende Panorama bewundern. Hätte man ein gutes Fernglas und lebte man um die vorletzte Jahrhundertwende, würde man in Kohlern sehen, wie von dort ein anderer mit dem Fernglas herübersieht. Frei nach Wilhelm Busch: »Schön ist es auch anderswo und hier bin ich sowieso«. Ansichtssache.

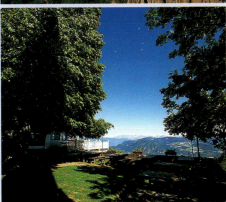

Obstständen Platz gemacht. Aber die Sorgfalt beim Sortieren der Früchte ist geblieben. Behutsam sucht Gianni für seine Kunden die besten Stücke aus dem Angebot.
»Was wird das für ein Buch, das du da schreibst?«, fragt er.
»Eins über Südtirol und Bozner wie dich«, ist die Antwort, und aus den freundlichen Augen des Bozner Kalabresen blitzt ein Funken Stolz.
Am Abend im Sommer, wenn die Marktler die Läden dicht gemacht haben, sitzt allerhand junges und älteres Gemüse auf den abgedeckten Ständen. Wer in den Kneipen rund um den Obstmarkt keinen Platz findet, schnappt sich sein Wein- oder Bierglas und nutzt die Stände als Alternative. Bermudadreieck heißt das kleine Altstadtviertel zwischen Obstmarkt, Museumsstraße und Erbsengasse unter Insidern. Vermutlich vor allem deshalb, weil man Gefahr läuft, eine Nacht lang darin zu verschwinden. Gelegenheit dazu gibt es genug. Die Brauerei »Hopfen & Co«, das »Nada-

Das Bozner Hotel Greif: Wohnen in der Galerie

Jeder, der die eine oder andere Nacht schon in einem Hotel verbracht hat, kennt das Gefühl: man liegt mit offenen Augen in einem fremden Bett, blickt auf die gegenüberliegende Wand und fragt sich, woher zum Teufel das absurde Bild stammt, das da aufgehängt wurde. Und manchmal, wenn man besonderes Pech hat, ist es eines dieser unbeschreiblichen Clown- oder Kinderporträts mit einer Träne im Auge. Wenn es einen Vorteil dieser weit verbreiteten Hotelkunst gibt, dann den, dass man gerne die Augen schließt, um sich seinen Träumen hinzugeben.

Franz Staffler, Spross einer alten Bozner Hotelierfamilie, muss einen solchen Traum gehabt haben. Denn als er sich daran machte, zusammen mit dem österreichischen Architekten, Boris Podrecca, sein altes Hotel Greif am Bozner Waltherplatz umzubauen, hatte er eine Vision schon definiert: jedes einzelne Zimmer sollte ein künstlerisches Unikat werden. Gemeinsam mit Andreas Hapkemeyer, dem Direktor des Museums für moderne Kunst in Bozen und dem Kunstkritiker Carl Kraus, setzte er eine Liste von Künstlern auf, die den Auftrag erhielten, das ihnen im Losverfahen zugeteilte Zimmer nach ihrem Geschmack zu gestalten. Die Qualität der durchwegs neuen Werke konnte durch die prominente Auswahl gesichert werden, der Erfolg des Unternehmens durch das großzügige Budget.

Jedem Künstler wurde eine maximale Freiheit eingeräumt. Einzig das Motto, Augenlust, war vorgegeben, und die Entscheidung, dass die meisten zeitgenössischen Künstler jeweils auch einem altem Meister gegenübergestellt werden würden. Kein Wettbewerb, wohl aber ein Dialog. Erstaunlich, wie unterschiedlich im Ergebnis die Stimmungen der einzelnen Zimmer sind. Dass die 33 Wohneinheiten zum selben Konzept gehören, merkt man zwar wohl an einer gehobenen Grundstimmung, die durch die strukturelle Ausstattung gegeben ist, der Einfluss der Künstler reichte aber auch bis zur Auswahl der Stoffmuster für die Bezüge und die Tapeten. Manfred A. Mayr etwa, einer der Südtiroler Künstler, beschränkte sich bei seiner Gestaltung im Wesentlichen sogar auf ein Farbenspiel. Das auffälligste Element in »seinem« Zimmer ist ohnehin ein Flügel, von dem die Hotelführung behauptet, dass er zu jeder Tages- und Nachtzeit gespielt werden kann, ohne einen anderen Gast zu stören. Und so beschloss Mayr, die vier Wände von 211 zur Leinwand für ein monochromatisches Spiel der Stimmungen zu machen. Erst wenn man die Innenseite einer Schranktüre genauer untersucht, entdeckt man ein weiteres Werk. Es zu beschreiben, hat wenig Sinn, denn es ist einer permanenten Veränderung unterworfen: in einem geschlossenen Rahmen darf jeder Gast Spuren seines Aufenthaltes hinterlassen. Zettel und Stifte liegen bereit, der rote Abdruck voller Lippen macht unter anderen Notizen den Anfang. Augenlust eben.

Die Sache mit diesem vorgegebenen Titel wurde von den Künstlern auf ganz unterschiedliche Weise aufgefasst. Freilich, der erotische Unterton der Überschrift wurde von allen irgendwie aufgegriffen, aber mit unterschiedlicher Gewichtung. Sanft, bedrohlich, verschnürt oder verspielt … Spielarten der Thematik gibt es viele. Augenlust bedeutet eben nicht unbedingt ein Akt, und selbst Lust ist nicht immer »in the act«.

Bozen

St. Magdalena: Der Reiz von Bozen besteht auch in der sichtbaren Vielseitigkeit der Stadt.

Das faschistische Siegesdenkmal

mas«, das »Exil«, und dann natürlich auch die Terrasse Bozens: der Waltherplatz. Es lohnt, sich treiben zu lassen. Mozart, der alte Saufkopf und grenzenlose Sprachwitzler, hätte heute seine wahre Freude daran. Sein Lieblingswein, der Marzemino, wird ebenso genossen wie der Sauvignon und der schnelle »Leps« an der Theke, und zum »Knödeltris«, das auf manchen Speisekarten gleich neben dem »Kaiserschmarrn con Mirtilli« angeboten wird, gesellt sich immer häufiger die »Polpetta con Speck«. Irgendwie muss sich der alte Stänkerer bei seinem ersten Besuch vertan haben. Käme er heute nach »Botzen«, er würde um eine zweite Nachtmusik nicht herumkommen.

Walther-von-der-Vogelweide

Überetsch Unterland

Das Überetsch und das Unterland sind zwei eigenständige Gebiete. Sowohl am oberen als auch am unteren Ende der Weinstraße wird Südtirol aber mit einer vergleichbaren Selbstverständlichkeit gelebt. Angesichts der milden Hügel und heimeligen Landschaft hat man sich hier schon immer an das gehalten, was man vor der Nase hatte: ein Gebiet, in dem es sich lohnt zu verweilen, zu Land, zu Berge und zu Wasser. Wo Wein ist, ist gut sein, und sogar Oswald von Wolkenstein hat in der Ferne vom Unterland geträumt.

Aufwärts: Missian liegt am Anfang des Überetsch mittendrin. Stolze Herren und traumhafte Weinberge.

Ruhig voran: In Salurn gibt es keinen Grund für Hektik.

Tramin war das Reich der Grafen von Eppan und Tirol. Die gotische Pfarrkiche schmückt ein Altar von Martin Knoller.

Überetsch Unterland

Eingebettet: der Kreithof bei Eppan inmitten fruchtbarer Reben

Warum zu Gott nach Frankreich?

Erhaben: Schloss Korb bei Eppan ist ein beliebtes Ziel für Genießer.

Nach Süden geht es aufwärts oder links. Das ist durchaus nicht politisch gemeint, sondern ganz einfach subjektiv geografisch. Nimmt man die Perspektive eines Vergnügungspilgers, der von Bozen kommt, trifft das ziemlich genau zu. Das Problem: Es ist eigentlich niemand ganz glücklich damit, dass das Überetsch mit dem Unterland oft in einem Atemzug genannt wird. Beides ist halt Süden, aber das ist auch schon alles. Die Überetscher sind stolze Herren, gesegnet mit noblen Ansitzen und traumhaften Weinbergen, die sich wie ein sanfter Teppich über das Land gelegt haben, die Unterlandler sind verschmitzte, irgendwie mediterrane Typen, deren Patriotismus aus dem Bewusstsein erwächst, das deutsch-italienische Scharnier zu sein. Zwei Gegenden, zwei Charaktere, zwei Kapitel.

Also zum einen: das Überetsch, aufwärts. Rein geologisch gesehen, streckt die südtiroler Landeshauptstadt dem Süden die Zunge despektierlich entgegen. Denn, wenn Bozen der Kopf ist, ist der sanft aufsteigende Hügel des Überetsch die Zunge der Bozner Porphyrplatte.

Am Anfang des Warttales, linkerseits in den Hängen von Frangart, glänzt einem bei gutem Wetter eine acht Meter hohe Stahlkugel entgegen. Karl Nicolussi-Leck, ein begeisterter Kunstsammler und früher Präsident des Bozner Museums für moderne Kunst, hat sie sich zur Bewunderung aller gegeben, als Symbol der absoluten Vollkommenheit. Als Wegmarke mag sie den Überetschern damit recht und billig erscheinen. Denn die absolute Vollkommenheit beanspruchen sie natürlich für sich. Tatsächlich ist das Überetsch ohne Frage ein besonderes Schmuckstück Südtirols und nicht zufällig bis in den späten Herbst hinein ein wirksamer Anziehungspunkt sonnenhungriger Gäste aus dem Norden. Wäre es nach den Grafen von Eppan gegangen, die im 12. Jahrhundert an der Seite des Bischofs mit den Grafen von Tirol um die Vormachtstellung im Lande rangelten, wäre hier sogar das Zentrum der tirolischen Welt. Aber es kam anders.

Logisch, sagen die Überetscher heute, die alten Grafen werden sich angesichts ihrer paradiesischen Heimat halt auch gedacht haben, dass es doch viel gemütlicher ist, mit einem Gläschen Wein den Herrgott einen guten Mann sein zu lassen, als mühsame Konflikte auszutragen.

Also blieb Tirol bei den fleißigen Tirolern und die Eppaner genossen ihre Niederlage in prächtig geschmückten Edelsitzen und ließen sich die Sonne aufs Haupt scheinen. Diese Lebensanschauung hat sich bis heute ein bisschen gehalten. Wer sie verstehen will, braucht nichts anderes tun, als nach Hocheppan zu wandern. Die halbstündige Wanderung von einem Bauernhof oberhalb von Missian ist die kleine Mühe wert. Zuerst zum Kreideturm, dann durch den Buschwald gemach zur oben thronenden Burg. Der Kalterer Arzt, Lyriker und Schriftsteller, Anton von Lutterotti, kam in seinem Buch über Südtirol an dieser Stelle ins Schwärmen: »Noch bevor man in das Burggebäude eintritt, muss man an der Brüstung des Zuganges stehen bleiben und ins Land hinausschauen – im Frühling, wenn ein Blütenmeer Tal und Hänge mit einem weißen Schimmer überzieht, im Sommer, wenn der Dunst der Hitze aus den Niederungen steigt, im Herbst, der alles ringsum vergoldet, aber auch an klaren Wintertagen, an denen hier die Sonne trotz der weiß beschneiten Berge noch warm von den roten Felsen widerstrahlt – Hocheppan gehört zu den Höhepunkten des Südtirol-Erlebnisses!«

Graf Enzenberg ist der heutige Besitzer von Hocheppan, und er ist ein Graf wie er im Buche steht. Nicht erst seit diesem. Selbst ein geübter Wanderer hätte Mühe, seinen Besitz abzuschreiten. Neben Hocheppan nennt er auch andere Burgen sein Eigen, inklusive seinem persönlichen Wohnsitz: Kampan. Verschmitzt funkeln seine wachen Augen über den üppigen und geschwungenen Schnurrbart hinweg. »Ich bin Bauer, Forstwirt, Pferdezüchter, Kulturerhalter ... Inzwischen bin ich aber in Pension und hab' noch mehr zu tun.« Man glaubt ihm, auch weil er bei der Liste seiner Tätigkeiten wohl noch ein halbes Dutzend ausgelassen hat. Allein die Erhaltung seiner Schlösser und Burgen hält ihn seit Jahrzehnten auf Trab. Die Urahnen vom Grafen stammen eigentlich aus dem Pustertal. »Weil sie die Mühlbacher Klause so geschickt geführt haben, haben sie halt immer Geld gehabt«, sagt der Nachfahre und wird immer verschmitzter. »Allerdings«, fügt er hinzu, »sind die Enzenberg Mandeln nur deshalb so fähige Leute geblieben, weil sie so fähige Pusterer Weiber als Frauen gehabt haben.« So Recht er damit haben mag – die Pusterer gelten tatsächlich als fleißige Gesellen –, seine Überetscher Freunde kommen mit dieser Aussage wohl nicht ganz zurecht. Das Typische am Grafen Enzenberg ist aber, dass er sich daraus nichts macht, und das wiederum ist eine Überetscher Eigenschaft. »Der Graf«, sagt etwa Roman Drescher, »der Graf ist ein Phänomen.« Roman Drescher ist Journalist und stammt aus jener Überetscher Familie, die im Zentrum von Kaltern den Drescherkeller führt, ein originell-uriges Weinlokal, dessen Gastgarten zu den meistveröffentlichten Motiven für die

St Michael: Die Edelsitze im Dorfzentrum ...

... werden auch von den Einheimischen geliebt.

Ausgewählt:
Die Zeiten in denen der »Kalterer See« vor allem ein »Supermarkt-Wein« war, sind längst vorbei. Heute wird er immer wieder und zu recht ausgezeichnet.

Südtirol-Werbung gehört. Auch er ist irgendwie ein Phänomen. Sein jüngerer Bruder Theo ist der Chef in Haus und Hof, aber wenn um acht Uhr abends der Drescherkeller offiziell geschlossen wird, übernimmt Roman den Laden. Für sich, für Lesungen, Konzerte und natürlich auch, um in vertrauter Freundschaftsrunde über alles Mögliche zu diskutieren. Dorfgerüchte zum Beispiel.

»Der Enzenberg«, heißt es da, »hat in die neuen Fensterläden von Kampan Schießscharten ausstanzen lassen.«

»Verrückter Hund«, sagt ein anderer.

»Prost«, sagt ein dritter, und die gesamte Runde trinkt einen ehrfürchtigen Schluck Kalterer See Auslese aus dem Hause Enzenberg.

»Manincor« heißt das beeindruckende Weingut der Familie. Geführt wird es vom Adoptivsohn des Grafen, Michael Graf Goess-Enzenberg. Als altes Weingut in neuem Kleid beschreibt er selbst seinen Besitz. Auf den insgesamt 35 Hektar, die zu Manincor gehören, spannt sich der Bogen für den Anbau von den traditionellen »Pergeln« bis hin zum modernen Spaliersystem. Je nach Lage, je nach Sorte, je nachdem. Und Graf Michael ist stolz darauf, dass die sanften Rebhügel um Manincor eine intakte Tier- und Pflanzenwelt beherbergen.

»Die Bearbeitung und Pflege der Weingärten«, sagt er, »ist auf Schonung und Erhaltung der Natur ausgerichtet.« Diese Überzeugung setzt sich natürlich auch im Weinkeller fort.

»Unsere Keller sind tief, unheimlich und kühl und sind für unseren Wein das Beste, was es gibt.«

Die Enzenberg vertrauen da auch auf die Weisheit der Ahnen. Die Erbauer alter Edelsitze wie Manincor wussten schon zu ihrer Zeit, wie deren Keller ideal belüftet und trotzdem kühl gehalten werden können, und Graf Michael ist davon überzeugt, dass diese Lüftungssysteme noch immer besser sind als so manche moderne Klimaanlage. Der Abstieg in die urige, original erhaltene Unterwelt im Bauch von Manincor ist ein Erlebnis für sich. Hier betören jahrhundertealter Kellergeruch und Kerzenlicht einen guten Teil der Sinne des Besuchers. Wohlgemerkt nicht die des Kellermeisters. Der nämlich sorgt dafür, dass die romantische Kraft der alten Gewölbe mit der moderner Kellertechnik harmoniert, und es funktioniert. Der »Kalterer See« wurde vom italienischen Weinführer »Gambero Rosso« mit dem Oscar der Preisleistung ausgezeichnet, für den 1997er Merlot gab es die seltenen drei Gläser als Spitzenbeurteilung und der Liebeneich, der auf einem neun Hektar großen Terlaner Anbaugebiet wächst, wurde einmal sogar überhaupt als der beste Weißwein Südtirols beschrieben. Empfehlenswert außerdem: der Blauburgunder »Mason«, der in Mazzon bei Kaltern, auf einem 400 Meter hohen, gegen Süden geneigten Plateau angebaut wird. Samtig, hochfiligran, mit einem Duft nach Kirschen, Beerenfrüchten und gerösteten Nüssen und Mandeln. Und für Romantiker das Cuvée »Sophie«: Chardonnay, Viognier, Sauvignon Blanc und der Name der freundlichen Gräfin.

»Manincor«, sagt Graf Michael, »ist mit seinen alten Mauern, die den geschlossenen Hof umarmen, wie ein ›clos‹ im französischen Burgund.« Er hat wohl Recht, und ein Burgunder

Spargelzeit, Hombre

Südtiroler Spargel wächst nicht nur in Südtirol. Außer er hat einen Namen. Margarete zum Beispiel, oder Schwanburg. Der Rest, stammt aus Spanien, Frankreich oder Marokko: ein offenes Geheimnis. Glücklicherweise gibt es Orientierungshilfen. Was beim Wein die Bezeichnung »DOC e.g.« ist, ist beim Spargel der Name. Eben Margarete oder Schwanburg. Einer von beiden sollte als Tischkärtchen für Qualität bürgen. Ladies first. Margarete war eine Idee der Terlaner Kellereigenossenschaft. Was im so genannten Spargeldreieck zwischen Terlan, Vilpian und Siebeneich an Spargel angebaut wird, wird entweder von den Bauern in den eigenen gastronomischen Betrieben angeboten oder über die Kellerei weiterverkauft. Und zwar ausschließlich an die Restaurants der drei Dörfer. Margarete Maultasch, die letzte Tiroler Regentin der Region wacht über diesen Grundsatz. Wenn der Spargel wirklich aus einer der Terlaner Spargelanbauflächen stammt, darf er ihren Namen tragen. Margarete regiert dabei ein verhältnismäßig kleines Imperium. Rund sechs Hektar haben die 16 Spargelbauern in der Gegend unter sich aufgeteilt. Die Bedingungen sind gut, der Sandschwemmboden in den Auen des Etschtales ideal für das zarte Gemüse. Und Margarete hat auch neue Maßstäbe gesetzt: auf die Länge kommt es an UND auf die Dicke. Wenn beides stimmt und der Spargel zudem noch über eine noble Blässe und einen wohlgeformten Kopf verfügt, ist die Tiroler Regentin glücklich. Die Terlaner Touristiker haben bald erkannt, dass mit der Spargelzeit einiges anzufangen ist, und sie haben auf diesen Trend reagiert. Da werden kulinarische Spargelwanderungen angeboten, in denen die aus allen Poren blühende Apfelgegend im Allgemeinen und der Spargelanbau im Speziellen präsentiert werden und immer wieder auch Vorträge über den gesundheitlichen Aspekt einer Spargelkur gehalten. Ein eigener Aspekt ist die Symbiose zwischen Spargel und Wein. Was am häufigsten zum Spargel serviert wird, ist neben der Bozner Soße der von der Terlaner Kellerei eigens produzierte Sauvignon. Und hier scheiden sich die Geister. Der Spargel hat einen so feinen und zarten Eigengeschmack, dass er vom fruchtigen Sauvignon übertönt wird. Ein Gegenvorschlag: ein Cuvée aus Weißburgunder, Grauburgunder und nur zehn Prozent Sauvignon. »Terlaner« heißt zum Beispiel die entsprechende Kreation aus dem Hause Schwanburg, die auch ohne Spargel Laune macht.

Als Dieter Rudolph, der leider früh verstorbene Herr über die Schwanburg, seine Mitarbeiter vor 15 Jahren mit der Idee konfrontierte, Spargel anzubauen, erntete er vorerst ein verständnisloses Naserümpfen. Aber Rudolph, der Rebell, wie er mitunter genannt wurde, gehörte nicht zu jenen Geistern, die sich leicht beschwören lassen. Zusammen mit einem Freund machte er sich auf, um in der Versuchsanstalt von Rovigo so viel wie möglich über den Spargelanbau zu lernen. Als er zurückkam, hatte er das notwendige Wissen und die Begeisterung im Gepäck, die er seinen Mitarbeitern weitervermitteln konnte. Denen ging es dann genauso: die Schulung brachte die Lust auf das neue Projekt.

Heute ist die Spargelanbaufläche der Schwanburg mit knapp zwei Hektar die größte zusammenhängende in der Gegend. Innerhalb der sechs bis acht Wochen Erntezeit bedeutet das etwa zehn bis 12 000 Kilo Spargel.

Hocheppan und Schloss Moos

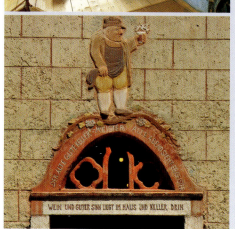

Lustig waren die Rittersleut bekanntlich überall ein bisschen. Aber in Südtirol hinterließ ihre Lust am Leben auch künstlerisch Spuren. Zum Beispiel auf Hocheppan. Wer den Weg hinauf zur alten Burganlage nicht scheut, wird frühestens durch den Blick ins Tal und spätestens durch die Fresken dort belohnt. Glaubt man den Überetschern, findet man hier auch eine der ältesten Darstellungen des Tiroler Knödels. Man kann darüber streiten, ob es tatsächlich Knödel sind, die sich die Mutter Gottes da zu Gemüte führt, darüber, dass diese Fresken zu den bedeutendsten des deutschen Sprachraums gehören, gibt es aber keinen Zweifel. Sehenswert sind aber auch die Malereien im Schloss Moos. Als der Kaufmann Walther Amonn 1958 sich in den Ansitz verliebte, ihn kaufte und eine Restaurierung in Auftrag gab, kamen unverhofft bedeutende Fresken aus dem 14. Jahrhundert ans Tageslicht. Darunter zum einen die inzwischen berühmte Szene des so genannten »Frosch-Mäusekriegs« und ein seltener und frivoler Fruchtbarkeitsbaum, von dem reife, männliche Früchte »phallen«, die von nackten Frauen gierig eingesammelt werden. Eine Fantasie, die wohl ganz nach dem Geschmack der alten »Rittersleut« war.

Patriot würde sich hier vermutlich fühlen wie Gott in Frankreich, aber wenn das der Drescher in seinem Drescherkeller hören würde … »Burgund, ach was, pah …«, würde er vielleicht sagen, »das ist Überetsch, ganz normal Überetsch, das beste Gebiet im Land.« Und dann würde er wieder mit seinen Freunden auf den »Kalterer See« des Grafen anstoßen. Früher hat man im Unterland immer heftig über den Überetscher Wein gestänkert. Die große Weinproduktion rund um Kaltern, hieß es da, würde ja nur mit Hilfe des Kalterer Sees zustande kommen. Das war noch zu jenen, längst vergangenen Zeiten, als von den Weinlagen rund um den See zigtausende Hektoliter wässriges Zeug wie der »Bauerntrunk Kalterer See« produziert und in Zwei-Liter-Flaschen an deutsche Supermarktketten geliefert wurde. »Pennerglück« hieß das Gesöff im Volksmund, und es bereitete damals auch den Produzenten im Überetsch mächtiges Kopfzerbrechen. Die Unterlandler, vor allem die Traminer, konnten sich demgegenüber darauf berufen, ein altehrwürdiges Weingebiet zu sein, das sogar schon anno domini 1414 durch Oswald von Wolkenstein zu vergleichenden lyrischen Ehren kam. Der einäugige Haudegen, der damals im

Genuss-Spezialisten: Die Südtiroler Weinmacher gehören heute zu den anerkanntesten Spezialisten der Branche.

Schlepptau des Brixner Bischofs zu dem Konstanzer Konzil reiten musste, ärgerte sich fürchterlich über die Gastwirte am Bodensee, weil sie den Scharen von Botschaftern und Gesandten nur minderwertiges Touristen-Zeug anboten. Und da einer wie er beim Wein kein Auge zudrücken konnte, reimte er spöttisch:

»Ein Wasser muss in einer Pfann,
der Braten knapp bemessen,
Wildbret und Fisch in Acht
und Bann.
Die dürft ihr gar nicht essen.
Ein Wein so süß wie Schlehentrank
macht mir die Kehle rau und krank,
dass sich verirret mein Gesang.
Stark nach Tramin geht mein
Gedank.«

Die Traminer sind stolz auf ihren Wein. Mindestens einmal im Jahr finden hier Vergleichsverkostungen zum weltbekannten Gewürztraminer statt. Und die Traminer sind auch stolz auf ihre Geschichte. Der älteste Teil des Dorfes trägt den eigenartigen Namen Bethlehem, ein anderer Ortsteil heißt Beirut, ein dritter Tripolis ... Niemand scheint wirklich genau zu wissen warum. Etwas vermessen erscheint der Gedanke, dass die Namensgebung zeitlich an die jeweiligen christlichen und historischen Ereignisse in den genannten Teilen der Erde gekoppelt ist. Aber es ist besser mit den Traminern darüber nicht zu sprechen. Wenn es um Orts- und Straßennamen geht, sind die Traminer nämlich sehr eigen. Als vor ein paar Jahren die Gemeindeverwaltung beschloss, im Dorf die Straßenschilder nur mehr deutsch und nicht mehr zweisprachig zu halten, sorgte das im ganzen Land für Aufregung. Monatelang wurde ausgiebigst

Wanderzone: der Mühlenrundweg in Aldein

darüber diskutiert, ob das nun rechtens sei oder nicht, immer wieder wurde das Dorf zum Schauplatz neu entflammter Diskussionen zwischen den politischen Vertretern der beiden Volksgruppen. »Schildbürgerstreich« war eine der am häufigsten verwendeten Umschreibungen von dem, was da vor sich ging. Irgendwann waren selbst die Traminer der Geister überdrüssig, die sie mit ihrer Idee gerufen hatten. Wer heute mit einer Kamera durch das Dorf streift, hört um sich herum schon mal das unwirtliche Klappern der Fensterläden, die mürrisch geschlossen werden. Dabei sind die Unterlandler aber andererseits sehr gastfreundlich und gesellig.

Da gibt es zum Beispiel in Neumarkt, auf der anderen Talseite, ein Lokal mit Namen »Johnson & Dipoli«. Mitten in der Altstadt unter den Lauben, kaum zu übersehen. Der Name dieser Önothek ist halb italienisch und halb australisch, und das kam so: ein Neumarkter Architekt, der in Florenz studiert hatte, lernte einen italophilen deutschen Architekten kennen, der mit einer Australierin namens Johnson verheiratet ist. Später heiratete auch der Südtiroler Architekt. Und zwar eine Frau mit dem wohlklingenden italienischen Namen Dipoli.

Zusammen begannen die beiden Männer von einem schönen, neuen und originellen gastronomischen Treffpunkt zu träumen. Und weil sie vorhatten, dort ebenso viel Zeit zu verbringen wie bei ihren Frauen, gaben sie dem Lokal gleich die Namen der beiden Damen. Das Ergebnis: »Johnson & Dipoli«, heute einer der bekanntesten Unterlandler Geheimtipps für Menschen, die etwas von Weinen, Atmosphäre und Gaumenfreuden verstehen. Groß ist es nicht, das Lokal. Zumal im Winter, wenn die Tische unter den Lauben nicht zur Verfügung stehen. Dennoch darf jeder bleiben, so lange er will. Das ist eine jener ursprünglichen Eigenschaften, die aus der ersten Zeit noch übrig geblieben sind. Damals hatten die beiden Ehemänner von Johnson & Dipoli alles andere als ein lohnendes Geschäft im Kopf. Wenn sie Glück hatten, mussten sie am Ende des Monats nicht draufzahlen. »Aber wir hatten einen Mordsspaß«, erinnert sich einer von ihnen heute. Zeno Bampi, Mister Dipoli sozusagen, ist immer noch einer der fleißigsten Stammgäste seines Pächters. »Erst einmal«, erinnert er sich, »mussten wir damals die Herren von der Handelskammer davon überzeugen, dass es die Lokalbezeichnung ›Önothek‹ überhaupt gibt.« Zwar gab es zu diesem Zeitpunkt schon viele italienische Varianten dieses Wortes, die mit »Ö« und »k« wollte der sture Beamte aber nicht akzeptieren. »Also hab ich ihm den Duden auf den Tisch gelegt, das hat ihn überzeugt.«

»Johnson & Dipoli« war zu dieser Zeit schon eines jener sehr seltenen Lokale, in denen auch teure Flaschenweine glasweise ausgeschenkt wurden. Zusätzlich zu den anderen, günstigeren Rebsäften aus dem Schankhahn. Dieser so genannte »Spinello« zu 45 Cent wird heute vom neuen Pächter nicht mehr angeboten.

Geselligkeit: Südtirols Traditionen ...

»Wenn ich den zulasse«, sagt Enzo Degasperi, »fangen die Leute hier als Nächstes an Karten zu spielen. Wer das will, der soll zu meiner Tante ins Lokal gehen, dort bekommt er auch den billigen Wein.«

Enzo scheut keine Mühe, seine Gäste davon zu überzeugen, dass sie sich in einem besonderen Lokal befinden. Wenn er die täglichen Schlagzeilen aus der Küche kolportiert, vermittelt er über seine Mimik und Gestik schon etwas vom Geruch und Geschmack der Köstlichkeiten, die einen erwarten.

»Thunfischmousse mit Rucola und Ricotta«: Enzo schaut verzückt nach oben und reibt die Finger bei der Nase sanft aneinander.

»Hammelmedaillons mit Fenchelherzen«: Enzo zeigt mit zwei übereinander schwebenden flachen Händen, wie zart und aromatisch das Fleisch sein wird.

»Ziegenkäse aus Sexten im Pustertal«: Enzo legt Daumen und Zeigefinger über dem Mund zusammen und empfiehlt dazu einen Tocai. Die Wahl ist vorzüglich, und Enzo erzählt. Sein Vater sei aus Kalabrien, seine Mutter eine Deutsche, er selbst aus Neumarkt. Wie viele Sprachen spricht er, und welche am besten? »Beides«, sagt er, »dann italienisch, dann deutsch.« Das ist durchaus so zu verstehen, wie es klingt. Im Unterland ist »Beides« eine eigene Sprache irgendwo zwischen Südtirolerisch und Italienisch, genannt: »Mezz-per-sort«. Dort gibt es für jemanden wie Enzo eben einen »Contract« statt eines Vertrages und wenn es, wie in seinem Fall ein Pachtvertrag ist, dann ist es ein »Contract in Pacht«. Manchmal wird Enzo gefragt, ob er sich mehr italienisch fühlt oder deutsch. Das ärgert ihn dann, und er

... beinhalten sowohl die Gastfreundschaft ...

... als auch die Liebe zum Detail.

Seen – und gesehen werden

Es gibt eine erstaunliche Anzahl prominenter Südtiroler, die bisher noch nie schwimmen gelernt haben. Irgendwie gehört dieses Element nicht zwangsläufig zur Grundausstattung der sonst vielseitigen Alpenbewohner. Sie sehen die Seen, aber müssen darin nicht baden. Tatsächlich gibt es in Südtirol auch weit weniger Seen als in anderen Alpenregionen. Insgesamt zählt man hierzulande nur 176 natürliche stehende Gewässer, die großteils klein sind. Die meisten davon liegen ruhig und kühl auf über 2000 Metern Meereshöhe und werden glücklicherweise hauptsächlich als Kulisse behandelt. Nur drei jener Seen, die mit einer erwachsenen Größe gesegnet sind, liegen unterhalb von 1000 Metern: der Kalterer See und die beiden Montiggler Seen, alle drei im Überetsch.

Weil der Kalterer See, der größte Südtirols, an der tiefsten Stelle nur sechs Meter misst, ist er gleichzeitig auch einer der wärmsten Seen in den Alpen. Sobald im Frühsommer die ersten Sonnenstrahlen an Kraft gewinnen, wagen sich die ersten Besucher hinein. Surfer zumal, denn der Nachmittagswind kommt pünktlich und verlässlich. Glücklicherweise ist er mit seinen zwei Kilometern Länge dann doch groß genug, damit sich Surfer und Badende nicht in die Quere kommen. Ab Mitte Juli kommt am Lido vom See dann auch so richtig Rimini-Stimmung auf. Inklusive aller Unterhaltungskonnotationen vom Kinder- bis zum Musikfestival.

Demgegenüber haben sich die beiden Montiggler Seen noch etwas von ihrem urtümlicheren Charme bewahrt. Tagsüber ist zwar auch hier einiges los, und auf den Liegeflächen zwischen See und Erlebnisbad rekeln sich geölte Wassernixen wie überall auf der Welt.

Aber nachts, wenn das Freibad geschlossen ist, sind nur mehr die Romantiker unterwegs. Gitarrenklänge und Picknicks um den See herum, abseits vom großen Trubel. Verantwortungsvolles Verhalten ist geboten, tags darauf sollten in diesem Naturschutzgebiet keine Tüten mehr am See gesehen werden.

sagt: »Weder noch, ich bin impulsiv« und wird mit dieser Frage ein bisschen in Ruhe gelassen. Impulsiv ist Enzo übrigens auch in der Preisgestaltung seines Lokals. Seit hier unter anderen auch Stars wie Mario Adorf abgestiegen sind, fragt Enzo nicht mehr lange nach, wenn jemand einen »guten Roten« bestellt. »Ein guter Roter?«, sagt Enzo dann, »kommt sofort«, und öffnet unter Umständen das beste Stück aus seiner Sammlung von 300 Weinen. Ein kleiner Tipp: Im Lauf des Abends immer mal wieder den Zwischenstand abfragen, um am Ende nicht böse Überraschungen zu erleben.

So wie bei Enzo die Sprache, ist in Neumarkt die Architektur: gemischt. Im Baustil dieses wirtschaftlichen Hauptortes des Unterlandes spürt man immer wieder auch einen italienischen Einfluss. An sich eine gute Mischung, und die dicht gedrängten Häuser mit ihren tiefen Kellern, schönen Rundbögen und Säulen entlang der Laubengänge wirken harmonisch zueinander. Aber wie so oft in sprachlichen Grenzgebieten, ist das mit der Mischung manchmal eine heikle Sache.

»Ein deutsch Tirol« steht unübersehbar auf einem Felsen vom Sitzkofel in

Graun, oberhalb von Kurtatsch, geschrieben. Von hier aus kann man den Blick über das darunter liegende Tal schweifen lassen. Die Aussicht ist beeindruckend und es fällt schwer, aus dieser Entfernung die alte Politik der Trennung zwischen »Deutschen« und »Walschen« (Italienern) auszumachen. Ein Witz macht die Runde: Kommt ein italienischer Südtiroler in eine Metzgerei und verlangt nach einem echten Südtiroler Speck. Die Metzgerin nimmt den Speck aus der Vitrine und beginnt, ein Stück abzuschneiden. »Nein, nein«, sagt der Kunde, »ich meine einen wirklich echten Südtiroler Speck, von einem Südtiroler Fock. Nicht den holländischen, der nur hier verarbeitet wurde.« Die Verkäuferin beschwichtigt: »Schauen Sie, dieser Speck trägt das Südtiroler Gütesiegel. Das Schwein stammt zwar wohl aus Holland, aber letztendlich geht es ja vor allem um die Verarbeitung und die ist absolut original südtirolerisch.« Daraufhin antwortet der Italiener: »Das ist mal wieder typisch. Das holländische Schwein verbringt ein paar Monate im Land und wird gleich zu einem echten Südtiroler, und zu mir sagen sie nach 50 Jahren immer noch »walscher Fock«.

Manchmal trieb die Spannungspolitik auch im Ernst seltsame Blüten. Vor ein paar Jahren, als das Thema noch heißer gekocht wurde, stellte die südtiroler Wochenzeitung »FF« das Geschichtsbewusstsein der süditroler Jugendlichen auf die Probe. Die Frage, die es damals zu beantworten galt, lautete: Gegen wen hat der Freiheitskämpfer Andreas Hofer seinerzeit gekämpft? Die Italiener, die Deutschen, die Franzosen? Die meisten antworteten: gegen die Italiener. Dass es die Franzosen und deren bayerische Verbündete waren, passte damals einfach nicht ins Bild.

Ob die Unterlandler deshalb so große Patrioten sind, weil Andreas Hofer seine letzte Nacht auf heimatlichem Boden hier verbrachte? Gespenstisch sind die letzten Zeilen, die der Volksheld im Neumarkter Kerker verfasste. So als hätte er alles schon hinter sich, schrieb er am 30. Januar 1810 an seinen Freund Josef von Pühler: »Der göttliche Willen ist es gewösn, dass ich habe müssen hier in Mantua mein zeitliches mit dem Ewigen verwechseln, aber Gott sei Dank um seine göttliche Gnad, mir ist es leicht vorgekommen. Ade, meine schnöde Welt, so leicht kommt mir das Sterben vor, dass mir nicht einmal die Augen nass werden.« Der Tisch, an dem Andreas Hofer diese Zeilen schrieb, steht noch immer in der Zelle des alten Neumarkter Laubenhauses, und Wolfgang Renzi, der heutige Besitzer des damaligen Kerkers hat alles daran gesetzt, die gruselige Stimmung zu erhalten.

»Genau drei Wochen später«, erzählt er ehrfürchtig, »am 20. Februar 1810, ist Andreas Hofer in Mantua füsiliert worden.«

»Füsiliert?« – »Füsiliert!«, und wieder stellt sich die Frage: ist das nun italienisch, deutsch, oder französisch? Nichts von alledem. Es ist unterlandlerisch, ganz einfach.

Blickfänge: der Ansitz Entiklar in Kurtatsch, die Bletterbachschlucht und der Kirchturm von St. Pauls

Meran

Meran hat eine bewegte Geschichte durchlebt. »Dalle stelle alle stalle«, von den Sternen zu den Ställen und vor allem wieder zurück. Ursprünglich als Landeshauptstadt des alten Tirols geplant, ist Meran so lange in der Bedeutungslosigkeit versunken, bis die milde Stadt an der Passer als Luftkurort wieder entdeckt wurde. Seither sind Palmen vor verschneiten Berggipfeln das typische Motiv der Stadt, und der Charme der »feingliedrigen Braut« geht an keinem Besucher vorüber. Ob er nun zur Kur, zum Konzert oder zum Wandeln auf geschichtlichen Spuren herkommt.

Schmuckstück: Das Kurhaus bietet seitliche Räume für Bankette, Bälle, Kongresse und gehört zu den Kostbarkeiten der Stadt.

Burgenland:
Viele Burgen sind in privater Hand und nicht besuchbar.

Talwärts:
So nah und doch so fern, Meran
von der Ohrenalm aus

Wandelhalle: Impressionen auf der Meraner Kurpromenade

Die feingliedrige Braut des Südens

Laubenstolz: 100 Schritte länger als jene von Bozen musste die Meraner Laubengasse sein.

Es ist schon erstaunlich, was Meran beim Besucher bewirkt. Ganz gleich, ob es die bleichen deutschen Gestalten sind, die mit karierter Hose und baumelnder Kamera aus einem Reisebus steigen, ob es die Stammgäste sind, die auf der Promenade jedes Jahr an derselben Stelle die gleichen Tauben füttern oder die Weltstars wie Luciano Pavarotti, die im Palace-Hotel absteigen, um für teures Geld zu fasten. Jeder findet hier eine milde Ruhe und spürt den Atem des Ausgleichs. Meran ist die Stadt der Muße, die Stadt der Dichter, Künstler und Monarchen, der Trauben und der Erholung, die auch die besten Voraussetzungen hatte, eine Art Montmartre oder Greenwich Village des Alpenraums zu werden. Sogar Norbert C. Kaser, der Südtiroler Dichter mit der spitzesten Feder, streckte bei Meran die Waffen. »Du feingliedrige braut des suedens«, schrieb er an die Stadt gewandt, und hat es wohl auch gemeint. Am Ende der bewegten Geschichte ist hier auch das ethnische Pendel zur Ruhe gekommen, deutsch- und italienischsprachige Südtiroler halten sich harmonisch die Waage.

Zwei Dinge standen am Anfang der neuen Blüte von Meran. Das Husten einer feinen Dame und das romantische Ausbrechen eines Herzogs, unabhängig von einander.

Man schrieb das Jahr 1836, und in Meran war zu dieser Zeit noch nichts Besonderes los. Die Stadt lag in einem tiefen Schlummer und es roch tierisch nach Provinz. In Wien, wo mittlerweile das Zentrum des Hochadels angesiedelt war, hüstelte währenddessen

Fürstin Mathilde von Schwarzenberg ein bisschen lustlos und gelangweilt vor sich hin, und ihr Hausarzt, Dr. Josef Huber, empfahl ihr eine Reise zur Kur. Von Meran wusste er zu diesem Zeitpunkt nicht viel. Nur vielleicht, dass Kaiserin Marie Luise, die Gemahlin des auf St. Helena gefangen gehaltenen Napoleon I., 18 Jahre zuvor einmal ihre Ferien dort verbracht hatte und mit dieser Wahl ganz zufrieden gewesen sein soll. Kurz entschlossen setzte sich Dr. Huber mit dem Bürgermeister von Meran in Verbindung und ließ alles für den Besuch seiner Patientin vorbereiten. Dieser Bürgermeister, ein geschickter Mann Namens Johann Valentin Haller, erkannte die einmalige Gelegenheit sofort, und setzte alle Hebel in Bewegung. So beeindruckt waren die Fürstin und ihr Hausarzt am Ende, dass dieser im Anschluss an den Aufenthalt sogar ein Büchlein über die Passerstadt schrieb. Der Titel: »Über die Stadt Meran in Tyrol, ihre Umgebung und ihr Klima.« Unter anderem heißt es darin, dass Luft, Wasser und Milch in Meran von derartiger Güte seien, »dass das natürliche Lebensende lange hinausgeschoben werden könne.« Unnötig zu sagen, dass angesichts dieser Worte die feinen Wiener Damen und Herren in den von süßlichen Puderschwaden durchnebelten Gesellschaftssälen alle sofort nach Meran wollten. Und sie kamen, sogar in Scharen. Schon zwei Jahre später, 1838, machte Kaiser Ferdinand I. von Österreich zusammen mit der Kaiserin seine Aufwartung, 1845 taten es die Kollegen Könige von Württemberg und Preußen, im Jahr darauf der belgische Regent und dann natürlich, 1874, Sissi, die traurige Kaiserin Elisabeth von Österreich.

Von nun an ging es wieder hoch her in Meran, und bald war die Zeit vergessen, in der die Stallungen der Meraner Innenstadt rund 150 Kühe beherbergten. Meran, das jahrzehntelang spöttisch als »Kuhstadtl« bezeichnet wurde, hatte sich des spöttischen »H's« entledigt und den Wandel zur Kurstadt vollzogen.

So richtig geadelt wurde Meran aber von der romantischen Ader des Erzherzogs Johann von Österreich, dem Sohn Kaiser Leopolds II. Johann, offenbar ein Querkopf unter den Habsburgern, war in Wien schon 1809 wegen seiner Sympathie für die aufständischen Tiroler unangenehm aufgefallen. 20 Jahre später fiel er dann endgültig aus seiner Rolle. Gegen jeden Familienrat beschloss er, die Meraner Postmeistertochter Anna Plochl zu heiraten. Aus war's damit für ihn mit der Karriere im Hause Habsburg. Dafür aber lebte er mit allen Vorzügen des Aschenputtel-Idylls fortan auf Schloss Schenna oberhalb Meran und erlebte die posttraumatische Zeit seines kaiserlichen Clans glücklich und zufrieden im Busen seiner frisch geadelten Familie. Seine Nachkommen sind die heutigen Grafen von Meran.

Dass Johann, der Herzog, her zog motivierte die Meraner Touristiker. Mit frischem Elan und ein bisschen mit des Herzogs Beratung, machte man sich daran, auch die Kur-Strukturen aufzumöbeln.

Spätestens als das Kurhaus nach den Plänen des Wiener Architekten Friedrich Ohmann im Jugendstil mit allem gebührenden Pomp und – ganz außerordentlich – mit der ersten elektrischen Lichtanlage Merans, eingeweiht wurde, florierte es in der Kurstadt aus allen Poren. Und wäre kurz danach nicht der erste Weltkrieg ausgebro-

Kurflair: Das legendäre Klima Merans ließ viele Menschen die Kurstadt und deren Promenaden aufsuchen.

chen, Meran hätte zumindest die Freizeit-Kapitale der Monarchen werden können.

In den Ursprüngen war Meran schließlich als Hauptstadt Tirols schon geplant. Die von Meinhard II. Jahrhunderte zuvor konzipierte Laubengasse ist ein beredtes Zeichen dafür. Genau 400 Schritte sollte die Länge der »Gwölbe« betragen. Mehr als jene aller anderen Handelsstraßen dieser Zeit. Vor allem aber, und das war wohl besonders wichtig, mussten die Lauben um 100 Schritte länger sein als jene in der Konkurrenzstadt Bozen. Stolz bastelte man an der Zukunft der Grafschaft, und die Stadt zu den Füßen der 1120 erbauten Stammburg der Tiroler hatte die besten Chancen, tatsächlich zum Zentrum der sich ständig erweiternden Territorialherrschaft zu werden. Stolze Burgen und prächtige Ansitze wurden auf die Hoffnung der prosperierenden Hauptstadt gebaut, allein in der Obermaiser Gegend besteht ein Stadtteil praktisch ausschließlich aus schlossartigen Ansitzen. Aber, wie so oft, es kam anders. Als die landesfürstliche Residenz 1420 von Schloss Tirol nach Innsbruck verlegt und bald darauf auch die Münzprägung nach Hall ausgelagert wurde, nahm das Ende seinen Anfang. Es dauerte nicht lange, und die Meraner mussten die schicken Lagerräume ihrer Laubenhäuser mit landwirtschaftlichem Nutztier füllen. »Dalle stelle alle stalle«, von den Sternen zu den Ställen, lautet ein italienisches Sprichwort, und es trifft auf diese Meraner Geschichte besonders gut zu. Letzten Endes bedingt diese historische Berg- und Talfahrt aber auch den ganz besonderen Reiz der Stadt, und das wird von vielen der heute rund 34 000 Einwohner auch so empfunden. Umberto Carrescia ist ein typischer Meraner. Der Soziologe, Musiker und Ex-Hockey-Spieler mit den unverkennbar meridionalen Zügen seiner Vorfahren, sitzt zusammen mit seinen drei Kindern Moritz, Sophia und Anna im Kaffee und schmunzelt zufrieden über die süditalienische Gestik der Kleinen, die untereinander Deutsch sprechen. Stolz erzählt er, wie er 2007 mit seinem »Aluna Quartet« vor 5000 Leuten bei den »Songs an einem Sommerabend« auf Kloster Banz spielte und dort für den das Ensemble kennzeichnenden Mix von Sprache und Stil gefeiert wurde. Das Südtirol, in dem sich Umberto wohl fühlt, liegt hier, zwischen Etsch und Passer, und die Frage liegt auf der Hand: Was muss man in Meran gesehen haben, um die Stadt wirklich zu verstehen? Umbe, wie ihn seine Freunde nennen, nimmt zuerst einen ernsthaften Anlauf und erzählt von der jüdischen Synagoge in der Schillerstraße, von der schmucken Postbrücke im Jugenstil und von der Heiliggeistkirche, einem spätgotischen Juwel Merans. Dann aber hat er noch einen überraschenden Tipp.

»Der Ost-West-Club in der Passeirergasse«, sagt Umberto, »egal zu welcher Tageszeit.«

Dort, im Steinacher Stadtviertel, in der Nähe des Passeirer Tors, soll jene lebendige Stimmung sichtbar werden, die aus dem Geist der beiden harmonierenden Ethnien entsteht.

»Eine wichtige Meraner Persönlichkeit«, erzählt Umberto mit einem Augenzwinkern, »wird dir dort ein Bier servieren und gleich danach vergessen, dass er es getan hat.«

Harry Reich, so heißt dieser Mann,

Der botanische Garten bietet vom Tulpenbaum über Mohnfelder bis zum Ahornbaum in jeder Jahreszeit Spezialitäten.

Der botanische Garten

Touristiker in Meran sagen immer wieder gerne, dass die Zeit der höchsten Blüte in der Passerstadt jene der Kaiserin Sissi war. Die österreichische Regentin verbrachte mehrmals ihre Wintermonate auf Schloss Trauttmansdorff, ab der Mitte des 19. Jahrhunderts war es allgemein bekannt, dass Meran das wintermildeste Gebiet des deutschen Sprachraums ist. Diese Eigenschaft war der fruchtbare Nährboden für den zwölf Hektar großen, neuen botanischen Garten um das Schloss herum. Seit 1994 hätschelten die Gartenarchitekten und Planer auf vielen verschiedenen Terrassen und Anlagen Gewächse aus aller Welt. Die Sache brauchte ihre Zeit, erst im Sommer 2001 wurde der botanische Garten eröffnet. Sonnengärten, Wasser- und Terrassengärten, Waldgärten, japanische und südtiroler Landschaften verteilen sich über das Gelände. Das Wort der höchsten Blüte Merans hat eine andere Dimension bekommen. Nicht weniger als 170 000 Pflanzen buhlen um die Aufmerksamkeit des Besuchers. Die Kaiserin hätte ihre Freude daran gehabt. Aber es ist nicht auszuschließen, dass sich künftig nicht mehr alles an ihrer Figur orientiert. Die Gärten von Trauttmansdorff haben einen neuen Meilenstein verdient. (www.trauttmansdorff.it)

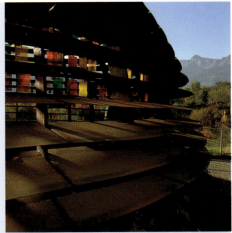

lässt sich gerne ablenken und produziert ständig neue Ideen, um Meran mit allerlei Festivals zu beleben. »Die Nacht« mit Lesungen, Konzerten und allerlei Gauklern in den verschiedensten Ecken der Stadt, war eine dieser Ideen, der »Zeitwandel« eine weitere Edition. Und wer am Sonntagabend im Ost-West-Club vorbeischaut, bekommt die Crème der Meraner Musikszene bei einer hochwertigen Jam-Session zu hören.

»Und wenn man schon mal in dieser Gegend ist«, sagt Umberto, »sollte man sich Zeit nehmen und aufmerksam durch dieses Viertel in Steinach spazieren.« Denn es enthält viele kleine Ecken, die man vermissen würde, wenn man wüsste, dass man sie verpasst hat. Natürlich lässt sich aber auch das offizielle Rahmenprogramm der Stadt sehen und hören. Die kulturellen Angebote sind längst über die verhaltenen Ansprüche der ersten Kurgäste hinausgewachsen.

Damals, im 19. Jahrhundert, als die hüstelnden Gäste noch das Stadtbild bestimmten und die allgemeine Stimmung so leichtfüßig war, wie die Grazien auf dem Pavillon de Fleurs, wurde zur Kur vor allem unterhaltsames Gefidel gereicht. Einerseits, weil das irgendwie zur österreichischen Traumbotschafterin Sissi passte, die Meran zu einer touristischen Mozartkugel machte. Andererseits vielleicht auch, weil sich die akustischen Begleitumstände der Tuberkulosepatienten mit den handelsüblichen Rhythmen der Kurorchester besser vereinbaren ließen. Dabei gab es schon damals unter den Kränkelnden einige, die durchaus auch musikalisch anspruchsvollere Kost vertragen hätten: Franz Kafka, Arthur Schnitzler und Christian Morgenstern zum Beispiel, oder Max Reger, Hans Pfitzner, Béla Bartók und Franz Lehár. Sie alle zählten zu den mehr oder weniger regelmäßigen Gästen der Kurstadt. Heute gibt das konzertante Leben der Passerstadt tatsächlich auch andere Orientierungspunkte.

1986, anlässlich des 150. Geburtstags der Kurstadt wurden die Meraner Musikwochen aus der Taufe gehoben. Das Ziel: ein Festival mit hohen Ansprüchen auf die Beine zu stellen, und Andreas Cappello, der künstlerische Leiter der ersten Stunde, verpflichtete für die ersten Konzerte namhafte Ensembles, wie die Camerata Bern, die 12 Cellisten der Berliner Philharmoniker oder die Solistin Veneti unter Claudio Scimone. Manchmal hatten Veranstalter und Publikum in den frühen Jah-

Die Heimat des Andreas Hofer

Fast magisch zieht das Bergmassiv des Jaufenpasses die Aufmerksamkeit im Passeiertal auf sich. Von Meran aus fahrend hat man den Berg immer im Blick, und irgendwann ist man da, am Talschluss in St. Leonhard. Da der Jaufenpass, aber auch das 2491 Meter hohe Timmelsjoch, beeindruckende Panoramastraßen sind, trifft man hier im Sommer immer wieder auf Cabrio-Fans und Motorradfreaks, die die Kraft ihre Maschinen am geduldigen Berg probieren. Darüber hinaus ist das Timmelsjoch, immerhin der dritthöchste Pass der Ostalpen, auch eine besondere Herausforderung für Oldtimer-Rallyes. Kolonnenweise tuckern hier ab und zu liebevoll restaurierte Schmuckstücke aus aller Welt über Berg und Tal. Ein Pflichtstopp und eine willkommene Erholungspause für die Piloten ist dann immer auch der Sandhof in St. Leonhard.

Hier lebte der Tiroler Volksheld Andreas Hofer, von hier aus eroberte der Pferdehändler und Schnapshändler die Gunst seiner Mitmenschen, ausgenommen jener der Franzosen, gegen die er zwischen 1796 und 1805 kämpfte. Später, nachdem Andreas Hofer verraten, verurteilt und erschossen worden war, wurde der Sandhof vom österreichischen Kaiser erworben und dem Sohn Andreas Hofers zum Lehen gegeben. Heute ist der Hof im Besitz der Tiroler Adelsmatrikel und beherbergt neben dem Gasthaus auch ein kleines Museum mit Erinnerungsstücken und biografischen Wegmarken des Tiroler Freiheitshelden.

In dieser Gegend sind auch die so genannten Schildhöfe beheimatet. Sie standen ursprünglich mit den Grafen von Tirol in nächster Verbindung. Das interessante an diesen Höfen ist, dass nicht ihre Inhaber direkt vom Fürsten geadelt wurden, sondern der Hof an sich eine Sonderstellung einnahm. Wer immer den meist strategisch gelegenen Schildhof führte, war im Kriegsfall Begleiter hoch zu Ross und in Friedenszeiten der Vertraute für Kammer und Küche. Aber nur so lange er dort blieb. Dafür hatten die Besitzer der Schildhöfe gewisse Vorrechte, mussten weniger Steuern zahlen und hatten eine freiere Jagd. Die Privilegien der Schildhöfe erloschen erst nach den Napoleonischen Kriegen zusammen mit vielen anderen Vorrechten. Geblieben ist vielen noch ein Hauch von Stolz, der aus den alten Mauern spricht und bei manchen die gute Hand in der Küche.

ren des Festivals noch unter der Arroganz jener Musikstars zu leiden, die den Meraner Auftritt als eine Art Wegzehrung mit Schnäppchencharakter verstanden. Das würde sich heute aber in Meran keiner mehr erlauben. Das Publikum ist auch strenger geworden: wenn einer auf der Bühne lustlos auf seinem Instrument herumdümpelt, ist im Kursaal bald Schluss mit lustig.

Heinrich Schiff hat ab 1990 als künstlerischer Berater das Seine dazu beigetragen, und zwei Jahre nach ihm Sir Neville Marriner, der die Academy of St. Martin in the Fields zum Residenzorchester des Festivals machte. Diese Namen zogen weitere nach sich, manche von ihnen wurden sogar Stammgäste: das Hagen Quartett etwa, die Deutschen Kammerphilharmonie,

Zubin Mehta, Kurt Masur und Mstislav Rostropovitch. Das Festival war etabliert.

Ein bisschen Hüsteln ist später dann doch wieder hinzugekommen. Ganz bewusst allerdings. Mit Musikern wie Friedrich Gulda, Giora Feidman oder Ensembles wie Quadro Nuevo. Diese Abwechslung ist eine kluge Idee der Veranstalter. Schließlich wollte man sich ja kein steifes Stadtpublikum mit gepuderten Nasen heranzüchten. Denn Meran ist ja auch mehr als das. Zum Beispiel außerhalb der Stadt. Etwa im Ultental, wo kein geringerer als Bismarck fast ein Südtiroler geworden wäre.

Sankt Pankraz, Sankt Walburg und Sankt Gertraud, so heißen die drei Gemeinden im Ultental, das südlich von Meran, in Lana beginnt. Egal ob im Sommer, im Frühling, im Herbst oder im Winter. Hier haben die alten Bauernhöfe mit ihren Schindeldächern noch eine erholsame und alltägliche Selbstverständlichkeit, hier atmen die kleinen Kirchen noch den ehrlichen Geist der alten Frömmigkeit. Wenig Pomp aber viel Geschichte.

Bis zum Ersten Weltkrieg tummelte sich in Mitterbad, ein paar Kilometer hinter Sankt Pankraz, die hohe Gesellschaft Europas.

Hier, wo heute die großen Gebäude der alten Badeanstalt und des Hotels altersschwach von besseren Zeiten träumen, gaben sich einst die Gebrüder Thomas und Heinrich Mann, die österreichische Kaiserin Elisabeth und – eben – der junge Fürst Bismarck die Badetücher in die Hand.

Bismarck war vom Ultental und vor allem von der Tochter des Besitzers in Mitterbad so angetan, dass er seine Verbindung zu diesem Ort mit einem Hochzeitsantrag offizialisieren wollte. Aber da hatte der prominente Protestant die Rechnung ohne den Wirt gemacht.

Der erhoffte Schwiegerpapa besann sich seiner tirolisch-katholischen Tradition und lehnte die Verbindung mit dem Hinweis auf die unüberbrückbaren Konfessionsunterschiede ab. »Ein Luthrischer«, wie die Protestanten von den alten Tirolern noch mit einem kleinen Schaudern genannt werden, war als Gast wohl willkommen, nicht aber als Schwiegersohn.

Frustriert zog Bismarck wieder von dannen und stürzte sich offenbar um so intensiver in die Arbeit. Was wäre wohl passiert, fragt man sich, wenn Bismarck einfach geblieben wäre? Schwer zu sagen. Was sicher ist: heute gibt es in Meran die neuen Thermen, in denen Protestanten, Katholiken, Italiener und Deutsche zusammen mit vielen anderen ganz friedlich und zufrieden im selben Wasser plantschen. Die »feingliedrige Braut des Suedens«, so wie sie sich zwischen österreichischem Fair, italienischem Klima und ökumenischer Selbstverständlichkeit präsentiert, hätte Bismarck und seine Herzdame demnach wohl ebenso glücklich gemacht, wie alle anderen, die ihnen in Meran folgten.

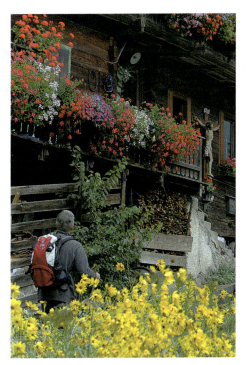

Wanderparadies: Schloss Trauttmansdorff, der Waalweg von Schenna oder entlang des Ultner Höfewegs

Vinschgau

»Do doubm« sagen die Vinschger und meinen sich selbst, vor allem im entlegeneren Teil des Tales. Als »ausgesprochene Intelligenzlandschaft« wurde das Vinschgau unter anderem beschrieben, und als Land der starken Gegensätze. Unabhängig davon, wie viel von beidem stimmt, alleine die Tatsache, dass sich dieserart Eindrücke und Eigenschaften im Bewusstsein der Vinschger stark eingefurcht haben, ist ein Zeichen für den einzigartigen Charakter von Land und Leuten im wilden Westens Südtirols.

Schloss Kastelbell: Ausflugsort und Kulturzentrum

Königsspitze: Die Ortlergruppe mit dem höchsten Berg im Lande bietet die Kulisse für Wanderer bei der Düsseldorfer Hütte.

Wind, Wasser und Wahrheit

Hochgefühl: die alpine Welt des Plombodensees

Ginge es nach dem Gefühl der Vinschger, sähe die Landkarte Südtirols anders aus. Bozen wäre irgendwo unten, das Unterland abseits, das Pustertal hinten und der Vinschgau, als Kopf des Gebildes, oben.

»Was wollen die da unten mir sagen, was I mit meiner Wies tun soll«, sagte ein aufgebrachter Vinschger einmal über die in Bozen geschaffenen Gesetze. Bozen, die Landeshauptstadt, ist für die Vinschger nämlich ungefähr das, was für die Bozner Rom ist: unglaublich weit weg. Und folgerichtig sind die Vinschger für den Rest der südtiroler Welt einfach nur »die da oben«, oder »die do doubm«, wie es in deren Sprache heißt.

Das mit dem Kopf des Landes ist übrigens fast hochoffiziell. Spätestens seit der Historiker Franz Huter den Vinschgau in einer generellen Betrachtung als »ausgesprochene Intelligenzlandschaft« bezeichnet hat, ist es quasi verboten, etwas über die Vinschger zu schreiben, ohne diesen Satz zu zitieren. Die Frage ist freilich, wen Huter genau gemeint hat. Die Obervinschger, die Untervinschger, die Sonnenberger, die Nörderberger? Alle vermutlich irgendwie, und keinen alleine spezifisch. Die Kombination macht das Besondere, die Vielschichtigkeit, den Charme.

Von den »Karrnern« könnte man in diesem Zusammenhang erzählen. Jenem fahrenden Krämervolk, das um die Jahrhundertwende zwischen den oberitalienischen Märkten und den Städten nördlich der Alpen hin und her pendelte und für einen Warenaustausch von Orangen, Bauernlinnen, Öl und Wetzsteinen sorgte. Oder von den »Schwabenkindern«. Sie waren zur selben Zeit die Kinder von an Hunger leidenden Obervinschger Bauernfamilien, die sieben Monate im

Jahr als billige Arbeitskräfte an Bauern in Friedrichshafen »vermietet« wurden. In beiden Fällen wird man feststellen, dass eine ganz eigene Mischung von Stolz und Bedauern bei den Vinschgern mitschwingt. Die »Karrner« galten zu ihrer Zeit zwar als unredlich – ein Schicksal aller Nomaden –, wurden später aber zu romantischen Figuren der Vergangenheit, und die »Schwabenkinder« schreiben ein trauriges Kapitel von bitterer Not. Gegensätze prägen den Vinschgau. Auch in Sachen Wasser. Knapp ist es, kurz gesagt und doch glitzert einem gleich zur Begrüßung, nahe der Passhöhe des Reschen, der große Stausee mit seinem Kirchturm entgegen. So malerisch das Bild auch sein kann, der Turm ist für die Menschen hier wie ein spitzer Stachel in einer alten Wunde. Als Ende der 1940er Jahre das Dorf Graun, das zum Kirchturm gehörte, von der italienischen Stromgesellschaft Montecatini geflutet wurde, fielen dem Projekt 163 Häuser und 523 Hektar Nutzfläche zum Opfer. Ganz haben die Grauner das nie überwunden.

Was es denn über die klimatischen Bedingungen im Vinschgau zu sagen gäbe, wollte die Naturwissenschaftlerin und Meteorologin Ina Schenk auf ihrer Forschungsreise in den 1950er Jahren von einem Bauern im Obervinschgau wissen. »Do isch nit viel zu sogn«, sagte dieser, »holt dass olm a Sauwind geaht unds nia regnen tuat.« Wohl wahr, und allzu treffend formuliert. Wer sich die Alleebäume entlang der Straße auf der Malser Haide näher ansieht, wird feststellen, dass deren Kronen synchron und beständig vom Nordwind gegen Südosten ausgerichtet wurden. Starr, wie eingefrorene Wetterfahnen stehen sie in Reih und Glied.

Die Trockenheit andererseits ist das viel dramatischere spezifische Merkmal des Vinschgaus. Im Kloster Marienberg beobachten die Benediktinermönche seit dem fernen Jahr 1857 täglich das Wetter und führen über jeden Tropfen, der in dieser Gegend fällt genau Buch. Die Bilanz der hohen Priester in diesem mit 1300 Metern höchstgelegenen Kloster Europas ist trocken wie der Sonnenberg: rund 400 bis 600 Millimeter Niederschlag im Jahr, vergleichbar mit der Regenmenge auf Sizilien.

Schon früh erkannten die Bauern und Grundbesitzer, dass es im Vinschgau mit Gottvertrauen alleine nicht getan ist. Ein ausgeklügeltes System von Wasseradern war die Folge. Kleine, mutige Rinnsale, die sich ihren Weg durch die im Sommer kargen Flächen der weitläufigen Haide bahnen und der brütenden Hitze trotzen. Den Verlauf dieser Lebensadern regelte der »Waaler« mit einem hellebardenähnlichen Instrument, das er für die Steuerung des Bächleins in den Boden rammt. Ihm oblag die verantwortungsvolle Aufgabe, das knappe Wasser jeweils dorthin zu leiten, wo es am notwendigsten war. Ein paar Stunden auf diese Fläche, ein paar Stunden auf die nächste. Wo die Waale fließen, macht sich das Ergebnis auch heute noch bemerkbar. Überall dort, wo die Sträucher dichter werden, ist der Wirkungskreis des »Waals«. Immer dann, wenn das Wasser in Bewegung ist, setzt ein Wasserrad-Mechanismus – mancherorts – ein Glöckchen zur

Reschensee: Dem Stausee musste ein Dorf weichen.

Sonnenberg: Wasserreservoirs gegen die Trockenheit

Das Prokuluskirchlein

Dafür, dass das kleine Kirchlein in Naturns das unbestrittene Juwel unter den südtiroler Sakralbauten ist, steht das Gebäude absolut unscheinbar da. Als unauffällige Insel in den Obstwiesen zieht das Prokuluskirchlein am östlichen Dorfrand nicht zwangsläufig die Aufmerksamkeit auf sich. Dafür aber lassen die restaurierten Fresken aus dem siebten Jahrhundert jeden interessierten Betrachter erblassen. Das berühmteste Motiv, der heilige Prokulus, der glücklich auf einer Schaukel sitzend über die Stadtmauer hinabgelassen wird, ist nur ein Teil des schlicht ältesten Freskenzyklus im deutschen Sprachraum. Die schwungvollen und zugleich einfachen Engel am Triumphbogen und die Ochsenherde an der Westwand sind zusammen mit dem Schaukelmann einzigartige Botschafter einer sonst kunsthistorisch recht schweigsamen Epoche. Der Schlimmste unter den Dämonen, die die Engel mit ihrem Kreuzstab vertreiben mussten, ist bis heute erfolgreich abgewehrt worden. Vielleicht gerade deshalb, weil das Prokuluskirchlein von außen so unscheinbar geblieben ist.

Kontrolle in Bewegung. »Gutes Wasser«, das ist jenes, das die Wiesen entbräunt, »schlechtes Wasser« wäre die Folge von unvermuteten Sommergewittern, deren Sturzbäche über Nacht die Felder vermuren. Um das zu verhindern hatten die Waaler früher auch das Recht, sich ungefragt aus dem nächstbesten Stall ein Pferd für den Noteinsatz zu leihen. Im dörflichen VIP-Register waren sie eine Autorität, und standen mitunter über dem Bürgermeister und dem Pfarrer. Alles war genau geregelt. In einem der alten Dorfbücher des Vinschgaus heißt es über den Waaler: »Wenn einer von der ganzen Gemeinde an- und aufgenommen wird, so soll er der Gemeinde an Eides statt angeloben, dass er wolle einem jeden, arm und reich, geben und zuteilen, dass er wisse, solches gegen Gott, die Welt, seiner Seele ohne Nachteil und Schaden zu verantworten. Wann sich dann bei gedachtem Waaler eine Fahrlässigkeit befände, so soll er alsbald von seiner Hut Urlaub haben und aus dem Dorf geschaffen werden!« Heute führen an den Waal-Wegen im oberen Vinschgau beliebte Wanderungen entlang. Aber nicht nur. Selbst wenn es inzwischen fast überall auch die handelsüblichen Beregnungsanlagen gibt, vor denen sich die Cabrio-Fahrer in Acht nehmen sollten, erfüllen die Waale auch noch ihre ursprüngliche Funktion. »Gott schuf den Wald, der Mensch die Wüste«, sagen die Menschen auf dem Sonnenberg, und dieser Ausspruch erinnert an ein typisches Vinschger Gerücht. Demnach soll Venedig auf den Baumstämmen jenes Waldes stehen, der heute auf dem Sonnenberg fehlt. Darüber erzählt man sich sogar Witze. Zum Beispiel jenen von dem Touristen, der auf dem kahlen Sonnenberg einen Bauern mit einer großen Säge antrifft. »Guter Mann«, sagt der Tourist, »was machen Sie denn hier mit der Säge?«

»I bin Holzfäller«, sagt der Bauer, »und zwar von die Beschten do doubm«

»Holzfäller?«, fragt der Tourist erstaunt, »aber hier gibt's ja gar keine Bäume.«

»Eben«, sagt der Bauer, »hab doch g'sagt, dass I guat bin.«

Eines der hartnäckigsten Vorurteile gegenüber den Vinschgern betrifft deren Verhältnis zur Wahrheit. Sprichwörtlich: »Trau schau wem, kei'm Vinschger und kei'm Böhm.« Einmal, so erzählt man sich, soll es hier sogar einen Lügenwettbewerb gegeben haben. Klarer Sieger war nach der Überlieferung ein Mann aus Tartsch, der behauptete, er könne zu diesem Thema nichts sagen, weil bei ihm zu Hause die Lüge nicht existiere. Das wirklich Nette an der Geschichte ist aber, dass dieses Vorurteil, das natür-

Vinschgau

Lebensweisen:
Schindelmachen (oben links) ist eine eigene Kunst. Im Vinschgau bekommt man vielerorts noch urtümliches Südtirol zu sehen, auch am Glurnser Sealamarkt (oben mitte) oder beim Beobachten der Heuarbeit in Stilfs (links).

Bergmanöver: Reinhold Messners Yaks vor dem Ortler (oben) Talmanöver: Kleines im Ganzen in der Obstwirtschaft (mitte) Pausenmanöver: Speck, Brot und Wein aus Tradition (unten)

lich jeder Grundlage entbehrt, sogar von eifrigen Volkskundlern fast entschuldigend aufgegriffen wird. »Das Überleben«, schreibt etwa der Vinschger Publizist und Herausgeber Hans Wielander, »erfordert den Widerspruch und die Dialektik als intellektuelles Werkzeug im Existenzkampf und wird von anderen, die keinen so scharfen Blick für die Doppelbödigkeit und Relativität aller Dinge besitzen, aus Unfähigkeit einfach als Lüge bezeichnet.«

Was soll's. Paul Hanny, der sich selbst als staatlich geprüfter Hofnarr bezeichnet, ist mit einer witzigen Schwindelei sogar mal auf der Titelseite der Bildzeitung gelandet. Aus Jux und Tollerei hatte er damals das Gerücht verbreitet, eine Kuh habe ihm 10 000 Mark weggefressen. Der Gag hatte den gewünschten Erfolg, denn viele Bild-Leser eilten nach Sulden, um die geldgefräßige Kuh zu besichtigen. Dieser Umstand machte Paul Hanny deshalb auch in Sulden, am Fuße des 3902 Meter hohen Ortlers, zu einer Persönlichkeit, die weit über die Talgrenze hinausstrahlt. Und alles mit einer Schwindelei. Zur Vinschger Ehrenrettung sei hier aber darauf hingewiesen, dass Paul Hanny als Suldner genau genommen aber kein echter Vinschger ist. Wie auch immer. Kontakte hat sich der umtriebige Tourismusmanager in alle Welt verschafft und so brachte er es fertig, einmal sogar das »Aktuelle Sportstudio« des ZDF für eine Sendung nach Sulden zu bringen, und vor ein paar Jahren soll ihn sogar Michael Jackson höchst persönlich besucht haben. Ein Double, ein Schwindel, ein Trick? »Nein«, verspricht er ganz ernsthaft, »diesmal ein-

Der Schreibmaschinenerfinder

Die sanfteste Umschreibung vom Schicksal, das den Partschinser Zimmermann Peter Mitterhofer ereilte, ist wohl: Pech. Denn Mitterhofer war jener Mann, der mit seiner Erfindung 1864 tatsächlich den Grundstein für die späteren Schreibmaschinen gelegt hatte. Insgesamt fünf Modelle des neuartigen Apparates hatte er selbst konstruiert. Dass sie funktionierten zeigen die ersten darauf geschriebenen Briefe, die im Museum in Partschins zu sehen sind. Sechs Jahre nach dem ersten Mitterhoferschen Geistesblitz, packte der Mann zwei seiner Modelle auf eine Kraxe und machte sich zu Fuß nach Wien. Die Sachverständigen des damaligen Kaisers Franz Joseph I. fanden die Sache zwar gut und empfahlen ihrem Regenten, Mitterhofer eine einmalige Subvention von 350 Gulden zu gewähren und zudem eines der beiden Modelle der Sammlung des polytechnischen Institutes einzuverleiben, aber das war damals auch schon alles. Noch immer kocht die Gerüchteküche. Remington, der amerikanische Waffenfabrikant und später offizieller Erfinder der Schreibmaschine, soll wenig später nach Wien gereist sein. Vielleicht auch ins polytechnische Institut? Peter Mitterhofer fasste trotzig seinen Urheberanspruch in einen Reim:
Schreibmaschinen danken rechtig
Ihren Ursprung in Meran,
Achtzehnhundertvierundsechzig
Sann sie da ein Zimmermann.
Peter Mitterhofer starb 1893 einsam und verarmt in seinem Haus in Partschins.

fach die Wahrheit. Michael wollte seine Ruhe haben«, sagt er, »und ich habe dafür gesorgt, dass er sie bekommt.« Der Stolz, der aus Paul Hannys Augen funkelt, wenn er von seinem neuen Freund »Michael« spricht, ist unmöglich zu übersehen. Hier, in dieser Ecke der Welt, haben sich gleich mehrere ungewöhnliche Gestalten eingefunden. Yaks zum Beispiel. Unnötig zu fragen, wer diese Yaks nach Sulden gebracht hat. Natürlich: Paul Hanny. In diesem Fall zusammen mit Reinhold Messner. Ganz in der Nähe des Weideplatzes hat Messner auch die wohl kleinste alpine Ausstellung eingerichtet. »Alpine Curiosa« nennt sich die Exposition, und sie hält, was der Titel verspricht. Vor allem aber macht sie neugierig auf das, was Messner in Sachen Museum auch anderswo geschaffen hat. Im neu eröffneten Messner Mountain Museum auf Schloss Sigmundskron in Bozen natürlich, aber auch im Vinschgau, bei Naturns, am schluchtigen Eingang des Schnalstals. Die Rede ist von Schloss Juval, der Sommerresidenz Reinhold Messners. Eine mächtige Burg, mit dazugehöriger Tibet-Sammlung und Erinnerungsstücken aus Messners Expeditionen. Wie die Touristen halt so sind: viele zieht es mit einem Funken Schadenfreude und etwas schelmischem Grienen vor allem deshalb auf Schloss Juval, weil der große Bergsteiger und Kletterer Messner an der Ringmauer eben dieses Schlosses einmal abrutschte und sich einen Knöchel brach, als er seinen Hausschlüssel vergessen hatte und deshalb das Eingangstor umklettern wollte. Kein Achttausender, kein Klettersteig und keine Wüste, sondern die Mauer seiner Burg zwang ihn im Vinschgau auf die Knie. Ein Stück weit weiter westlich im Vinschgau gibt es noch so eine Geschichte zwischen großem Anspruch und kleiner Ringmauer. Nämlich im Zusammenhang mit Glurns, dem kleinsten Juwel im großen Schmuckkasten Südtirols. Es ist gewissermaßen eine Geschichte von respektablen Mäusen. »Das ist aber ein besonders schönes Dorf«, sagte ein Musiker einmal nach einem Konzert in Glurns zu seinen Gastgebern, und erntete prompt entrüstetes Raunen. Ungestraft darf niemand Glurns ein Dorf nennen, denn Glurns ist eine Stadt. Diese kleinste Stadt Italiens wurde bereits im Jahr 1220 zum Sitz des landesfürstlichen Gerichtes. 1294 erhielt Glurns das Marktrecht, und seit etwa dieser Zeit ist es eine Stadt. Zudem eine, die es in sich hat. Es lohnt sich, auf der Innenseite der vollkommen intakten Ringmauer mit den drei behäbigen Türmen nach bleibenden Eindrücken zu stöbern. Malerische Gassen und romantische Winkel werden von schönen Bürgerhäusern aus dem 16. Jahrhundert umrahmt. Weil das Städtchen im Laufe seiner Geschichte mehrmals von der Etsch und der Puni überschwemmt wurde, mussten die Lauben immer wieder aufgeschüttet werden. Heute tut man gut daran, an manchen Stellen den Kopf einzuziehen, wenn man an Höhe nicht gerade die menschliche Variante des schmucken Städtchens verkörpert. Hier in Glurns wurde 1520 auch der berühmte Mäuseprozess verhandelt. Das Gericht erklärte damals die Mäuseschar für schuldig, auf den Feldern der Stadt großen Schaden angerichtet zu haben. Der Verteidiger, der den Mäusen sogar zugestanden wurde, konnte zwar nicht verhindern, dass die Angeklagten verbannt wurden, aber er erwirkte immerhin, dass die Mäuse dabei »ein frey sicher geleit vor iren Feinden, es seien Hund, Katzen oder andere ire Feind«, bekamen. Jedes Jahr am 2. November wird das kleine Städtchen von einem großen Trubel eingeholt. Der »Sealamoarkt«, zu deutsch Seelenmarkt, ist eine alte Tradition und ein Pflichttermin für jeden, der sich in der urtümlichen Marktstimmung zwischen Kühen und anderem Kaufgut verlieren will. Aber Vorsicht: was so aussieht wie die inszenierte Kulisse eines Filmdorfes, ist in Wahrheit echtes Leben. Was auf dem »Sealamoarkt« aber auch in allen Feinkostläden von Glurns und Umgebung eine Ausgabe wert ist, sind die typischen Urprodukte des Tales. Das Vinschger Brot, der Vinschger Apfel oder die berühmte Vinschger Marille. Am Ende jedes ordentlichen Menüs wird man in Südtirol häufig gefragt, ob man noch einen »Nusseler« – also einen Nussschnaps, einen »Treber« – also einen Grappa oder einen »Marilleler« haben möchte. Die Empfehlung: in dieser Gegend ein Marilleler. Denn die Marillen, wie die Aprikosen »do doubm« genannt werden, gehören zu den besten im ganzen Land. »Diese Früchte«, schrieb der Vinschger Autor Sebastian Marseiler einmal in Erinnerung an seine Kindheit, »waren so köstlich, dufteten so betörend und schmeckten so süß, dass sie mir wie eine Sünde vorkamen und ich im Religionsunterricht dem Pfarrer nie glaubte, dass die Eva im Paradies den Adam nur mit einem kropfeten – also einem verschrumpelten – Apfel herumgekriegt haben soll. Für mich musste das immer eine Marille sein.« Der Beweis ist damit erbracht: Der Vinschgau, das Paradies, ist weder unten, noch abseits, noch hinten. Der Vinschgau ist zwangsläufig oben.

Lebensräume: Bergbauernhöfe an steilen Hängen sind wie eigene kleine Welten. Jungbauern gibt es immer weniger.

Vinschgau

Daten und Fakten

Zeittafel

Um 7000 v. Chr.
Schon in der mittleren Steinzeit hat es im Land an der Etsch und im Gebirge die ersten menschlichen Siedlungen gegeben. Das belegen Skelettfunde und Steinwerkzeuge aus Silex und Bergkristall.

Um 2000 v. Chr.
Jungsteinzeit. Die Steinkistengräber von Eppan erzählen von dieser Zeit, ebenso die Steinbeile im Pustertal. Die Informationen über die Lebensart der Völker und Volksstämme dieser Zeit sind aber dürftig. Ötzi, der Mann vom Hauslabjoch, der sich in dieser Zeit etwa auf seine letzte Reise begab, hat mehr über seine Lebensgewohnheiten verraten.

Bis 1000 v. Chr.
Bronzezeit. Die Illyrer kommen von Norden und Osten nach Südtirol und vermischen sich in den folgenden Jahrhunderten mit Kelten, Etruskern und Kimbern.

15 v. Chr.
Die Brüder Tiberius und Drusus, Stiefsöhne von Kaiser Augustus, ziehen mit ihren Heeren nach Norden. Drusus errichtet nahe des heutigen Stadtkerns eine Militärstation und nannte sie Pons Drusi. In der Folge setzte ein Teil des Heeres seinen Weg in Richtung Brenner fort, ein anderer Teil zog entlang der Etsch zum Reschen. Der Alpenraum wird Teil des römischen Reiches, die Bewohner werden Räter genannt.

476 n. Chr.
Ende des Weströmischen Reiches. Während der Völkerwanderung übernehmen Goten, Langobarden, Franken und schließlich Bajuwaren die Herrschaft, die sich mit den Rätoromanen auf friedliche Weise einigen.

Um 800
Weite Teile Tirols, darunter das Pustertal, das Eisacktal, der Bozner Talkessel und das Vinschgau sind Teil des Herzogtums Bayern.
Der Brennerübergang erhält immer größere strategische Bedeutung.

11. Jahrhundert
Die Bischöfe von Brixen erhalten im Jahr 1027 vom deutschen Kaiser die »Grafschaft an Eisack und Inn« und im Jahr 1091 auch das Pustertal zum Lehen.
Allerdings üben die Bischöfe selbst weder gerichtliche noch militärische Macht aus, sondern setzen dafür Schutzvögte ein.

12. Jahrhundert
Die Grafen von Tirol, die seit 1140 auf Schloss Tirol bei Meran leben, gehen beim Kampf zwischen den Adelsgeschlechtern um die weltliche Vormachtstellung als Sieger hervor.

13. Jahrhundert
Graf Albert IV. vereinigt in der ersten Hälfte des 13. Jahrhunderts ein Gebiet, das etwa jenem Südtirols entspricht. Nach seinem Tode wird das Gebiet geteilt. Auf Kosten der bischöflichen Macht vollzieht Meinhard II. (1258–1295) die Tiroler Landeseinheit.

1363
Der einzige Sohn aus zweiter Ehe der Landesfürstin, Margarethe Maultasch, Enkelin Meinhards II. stirbt. In der Folge geht Tirol mit Rudolph IV. von Österreich an die Habsburger. Die Übergabe, die in Meran vorbereitet und in Bozen proklamiert wird, erfolgte im Einverständnis der Landstände, in denen neben dem Klerus, dem Adel und den Ständevertretungen auch die freien Bauern saßen. Ab diesem Zeitpunkt ist Tirol Teil des Habsburgerreiches.

15. Jahrhundert
Innsbruck wird ab dem Jahr 1420 mit Maximilian I. zur Landeshauptstadt von Tirol.

Ausstellungsraum im Bergwerk Ridnaun

Als 1477 auch die Münzprägung nach Hall, nahe Innsbruck verlegt wird, verliert Meran, die frühere Landeshauptstadt immer mehr an politischer Bedeutung.

1522
Maximilians Enkel teilen das Land, die österreichischen Länder gehen an den in Spanien aufgewachsenen Ferdinand I. Sein Gespür für die Tiroler Politik ist dürftig, soziale Spannungen sind die Folge und der Bauernaufstand mit dem Sterzinger Michael Gaismair. Gaismair proklamiert eine eigene Republik, und wird 1532 ermordet.

1530
Reformation in Südtirol. Im Pustertal wird die neue Lehre Luthers und das Wiedertäufertum besonders perzepiert. Jakob Huter aus St. Lorenzen wird zum Führer der Wiedertäufer im Land. Viele seiner Anhänger werden hingerichtet, zusammen mit 6000 südtiroler Glaubensbrüdern flüchtet Huter nach Mähren. Die Völkerwanderung führt durch weite Teile Europas und endet in den USA, wo heute noch einige »Huterer« in geschlossenen Gemeinschaften leben. Jakob Huter, der Gründer landet allerdings im Jahr 1536 auf dem Scheiterhaufen.

1545
Mit dem Konzil von Trient (1545–1563) setzt sich die katholische Glaubenslehre in Tirol endgültig durch. Es folgt ein vergleichbar ruhiges Jahrhundert, in dem vieles der heute erhaltenen Barockkultur entsteht.

Unter Tag, ... der Schaustollen des Ridnauner Bergwerks

1738
Kaiserin Maria Theresia besucht das südliche Tirol. Diese Besichtigung bringt sie auf den Gedanken, das unfruchtbare und gesundheitsschädigende Sumpfgebiet entlang der Etsch trockenzulegen. Unter anderen werden deutsche Spezialisten damit beauftragt, im Jahr 1777 sind die Arbeiten abgeschlossen.

1796–1797
Im Kampf zwischen Österreich und Frankreich wird auch Tirol zum Kriegsschauplatz.
Napoleon erobert Mailand, seine Truppen machen sich auf den Weg nach Norden.
Die Bürger der Stadt Bozen schließen den so genannten Herz-Jesu-Bund, ein Gelöbnis, mit Hilfe Gottes dem Feind die Stirn zu bieten. Allerdings letztlich ohne Erfolg.
Am 23. März 1797 marschieren die napoleonischen Truppen kampflos in Bozen ein. Bis heute erinnern am so genannten Herz-Jesu-Sonntag im Juni jedes Jahr großflächige Herz- und Adlerformen aus brennenden Fackeln an den Berghängen, so genannte Bergfeuer, an dieses Gelöbnis.

1805
Österreich tritt im Zuge der Pressburger Friedensverhandlungen Tirol an das napoleonische Bayern ab.
Das Land soll von nun an Südbayern heißen, was den Tirolern ebenso wenig gefällt, wie die Zwangsrekrutierung und die bayerischen Eingriffe in die religiösen Sitten und Gebräuche.

1809
Der zweite Tiroler Bauernaufstand, diesmal gegen die Bayern und die verbündeten Franzosen.
Führer des Aufstandes ist Andreas Hofer (1767–1810). Dreimal gelingen ihm und seinen Männern am Berg Isel bei Innsbruck Erfolge gegen die Franzosen, bei der vierten Schlacht unterliegt das Bauernheer allerdings.
Hofer flüchtet, wird aber verraten, verhaftet, verurteilt und am 20. Februar 1810 in Mantua erschossen.
Die Zeit der Bayern und Franzosen in Tirol übersteht aber nicht das Jahrhundert.

19. Jahrhundert
Der Wiener Kongress spricht nach der Niederlage Napoleons Tirol wieder Österreich zu. Die Brennerbahnlinie wird gebaut, der Fremdenverkehr bringt neuen Aufschwung.

1915
Südtirol wird wieder zum Kampfgebiet, nachdem Italien den Dreierbund verlässt und Österreich-Ungarn den Krieg erklärt.

1919
Der Friedensvertrag von Saint Germain.
Italien schlägt sich am Ende des Krieges auf die Siegerseite, ist bei den Verhandlungen dabei und beansprucht Südtirol.
Die Grenzen Südtirols werden neu definiert, der Brenner wird zur Grenze.

1921
Die Zeit des Faschismus bringt den Südtirolern als sprachliche Minderheit in Italien ein hartes Los.
Der Marlinger Lehrer Franz Innerhofer ist am 24. April 1921 das erste Opfer der Faschisten.
Im Hauseingang des Zallingerhauses in der Bozner Wangergasse, wohin er sich vor den Schlägertrupps flüchten wollte, wird er von zugereisten Faschisten getötet.

1922
Am 28. Oktober 1922 wird Mussolini in Rom zum Ministerpräsidenten ernannt. Südtirol wird Teil der Provinz Trient, die deutschen Ortsnamen sollen abgeschafft werden.

1923
Im Juli stellt Ettore Tolomei in Bozen ein 32-Punkte-Programm zur Italianisierung Südtirols vor. Unter anderem sollen die deutschen Schulen eliminiert, italienische Zuwanderung staatlich gefördert und die deutschen Namen der Südtiroler übersetzt werden. Italienisch ist alleinige Amtssprache, Tolomei erstellt eine Liste aller Südtiroler Orts- und Flurnamen und übersetzt sie mehr oder weniger frei.
Die Südtiroler reagieren mit organisiertem Widerstand und den so genannten, »Katakombenschulen«, einem verbotenen, versteckten Unterricht in deutscher Sprache.

1926–1935
Die Bozner Industriezone wird aus dem Boden gestampft, die Zuwanderungs- und Assimilierungspolitik Mussolinis wird umgesetzt. Die Südtiroler halten aber an ihrer Sprache fest.

Traditionszug: Fronleichnamsprozession in Südtirol

1939
Im Zuge der nationalen Deutschitalienischen Annäherung beschließen Hitler und Mussolini ein Umsiedlungsabkommen, die so genannte Option. Jeder Südtiroler muss entscheiden, ob er in die versprochenen »Neuen deutschen Länder« ziehen oder in Italien bleiben will. Die deutsche Propagandamaschinerie funktioniert nahtlos. In den Wochen vor der Option werden den Südtirolern einerseits die hitlerdeutschen Zukunftspläne näher gebracht, und andererseits die Ängste eingebleut, dass sie als »Dableiber« sicherlich nach Süditalien versetzt werden würden. Der Riss der Entscheidung geht quer durch die Familien, über 80% der Südtiroler optieren für Deutschland.

1943
Rund 70 000 Menschen, die so genannten »Optanten« haben Südtirol bereits in Richtung Norden verlassen, da wird Mussolini gestürzt. Die nachfolgende italienische Verwaltung schließt einen Waffenstillstand mit den Alliierten, die deutsche Wehrmacht zieht in Südtirol ein.

1945
Nach Kriegsende wird unter strenger Beobachtung der Alliierten die Südtiroler Volkspartei (SVP) als Sammelpartei der deutschsprachigen Bevölkerung von einer Gruppe von »Dableibern« gegründet. Die Forderung einer Volksabstimmung wird von den Siegermächten abgelehnt, Südtirol bleibt bei Italien.

1946
Der Pariser Vertrag, der den Südtirolern den Schutz und die Gleichberechtigung als sprachliche Minderheit in Italien sichern soll, wird von den Außenministern Österreichs und Italiens, Gruber und Degsaperi unterzeichnet. Allerdings werden die Autonomierechte der gesamten Region Trentino/Südtirol zugesprochen. Die Südtiroler, die in Südtirol die sprachliche Mehrheit sind, bleiben in Verwaltungsfragen in der Region in der Minderheit.

1957
Gezielte staatliche Wohnbauprogramme in Bozen bewirken eine Fortsetzung der früheren Zuwanderungspolitik.
In Südtirol eskaliert der Unmut darüber. Bei einer groß angelegten Protestkundgebung im Innenhof von Schloss Sigmundskron bei Bozen, kann der SVP-Parteiobmann und spätere Landeshauptmann Silvius Magnago mit dem Slogan »Los von Trient« und dem Versprechen eines entsprechenden politischen Einsatzes die Massen daran hindern mit wehenden Fahnen durch Bozen und damit in eine zwangsläufige Gewalteskalation zu ziehen. Der Plan ist eine eigenständige autonome Provinz Bozen.

1960
Von der Vollversammlung der Vereinten Nationen erhält Österreich, das das Thema vorgebracht hat, ein Verhandlungsmandat, um das Südtirol-Problem zu lösen. Dennoch wächst die Ungeduld der Südtiroler, einzelne Anschläge seitens verschiedener Südtiroler Aktivisten auf staatliche Einrichtungen werden ausgeübt.

1961
In der Nacht zum Herz-Jesu-Sonntag, vom 11. auf den 12. Juni, sprengen Südtirol-Aktivisten in einer konzertierten Aktion 47 Hochspannungsmasten der staatlichen Stromgesellschaft in die Luft. Die italienischen Polizeiorgane reagieren mit zahlreichen Verhaftungen und Folterungen, um die Hintermänner der Attentate herauszufinden und auch mit Repressalien gegen die Bevölkerung. Weitere Attentate sind die Folge und, bald darauf, die »Mailänder Sprengstoffprozesse«, bei denen die verhafteten Attentäter zu hohen Freiheitsstrafen verurteilt werden. Unter dem Druck dieser Ereignisse gehen die Verhandlungen zu Südtirol weiter.

1963–1969
Die Verhandlungen über das Autonomiestatut für Südtirol, das so genannte »Südtirol-Paket« nehmen ihren Lauf. Es sind insgesamt 137 Punkte, die den Schutz der südtiroler Minderheit innerhalb des italienischen Staates gewährleisten sollen. Die Region wird zwar als Verwaltungsgebiet beibehalten, am Ende bekommen die beiden Provinzen, aus denen die Region zusammengesetzt ist (Trentino und Südtirol) eigenständige Kompetenzen und Autonomien

gegenüber Rom. Das Regionalparlament setzt sich aus beiden Parlamenten der Provinzen zusammen, aber die jeweiligen Parlamente sind für ihre Provinz verantwortlich. Südtirol und Trient werden zu den einzigen Provinzen mit Sonderautonomien. (Die übrigen autonomen Gebiete Italiens sind Regionen.)

1972
Dieses Jahr sollte der Stichtag sein, um das Autonomiestatut in allen Punkten zu erfüllen, aber der Terminplan verschiebt sich.

1992
In diesem Jahr werden alle Maßnahmen des »Südtirolpaketes« in die Tat umgesetzt, die Südtiroler Volkspartei (SVP), die nach wie vor die absolute und überwiegende Mehrheit im Land hält, stimmt dem »Paketabschluss« zu. Kurz darauf gibt Österreich am Sitz der UNO in New York offiziell die Streitbeilegungserklärung zum Fall Südtirol ab. Der über 30 Jahre anhaltende diplomatische Streit zwischen Österreich und Italien um die Minderheitenrechte Südtirols ist damit beendet.

1998
Bei den Landtagswahlen in Südtirol erhält die Südtiroler Volkspartei wieder die absolute Mehrheit. Der Landeshauptmann, Luis Durnwalder, wird mit über 104 000 Vorzugsstimmen zum dritten Mal bestätigt. Rechnerisch bedeutet das, dass er auch von italienischen Südtirolern gewählt wurde.

1999
Der über die Grenzen hinaus bekannte Extrembergsteiger und Autor Reinhold Messner wird für die italienischen Grünen in das Europaparlament gewählt. Der zweite südtiroler Europaparlamentarier ist mit dem Unternehmer und Verleger Michl Ebner ein Exponent der Südtiroler Volkspartei, der schon zuvor ein Mandat in Brüssel hatte.

2000
Die beiden größten Städte Südtirols, Bozen (70% italienisch-, 30% deutschsprachig) und Meran (50% italienisch-, 30% deutschsprachig), werden nach den Gemeindewahlen von Koalitionsregierungen zwischen der Südtiroler Volkspartei (SVP) und einem Mitte-Links-Bündnis regiert.

2001
Für die italienischen Parlamentswahlen erneuert die an sich konservativ geprägte Südtiroler Volkspartei (SVP), die sich als Partei einer sprachlichen Minderheit aus den nationalen politischen Pendelbewegungen heraushalten will, trotz des sich anbahnenden Sieges der Mitte-Rechts-Allianz um Silvio Berlusconi, ihren Bund mit der Mitte-Links-Koalition. Beim ersten Ministerbesuch der neuen Mitte-Rechts-Regierung in Südtirol, positionieren die Minister Berlusconis eine neue Gangart gegenüber Südtirol und besuchen lediglich den staatlichen Gesandten in der Provinz, den Regierungskommissar, nicht aber den Landeshauptmann als offiziellen Vertreter des Landes.

2002
Die südtiroler Universität baut ihren Lehrbetrieb aus und bezieht die neuen Strukturen. Ende des Jahres wird das Fremdenverkehrsmuseum in Schloss Trauttmansdorff in Meran, umgeben vom botanischen Garten, eröffnet.

2002
Mit einer Volksabstimmung, die von den italienischen Rechtsparteien in Bozen initiiert wird, wird durchgesetzt, dass der zuvor in »Friedensplatz« umbenannte Siegesplatz wieder offiziell »Siegesplatz« heißt. Die Abstimmung treibt einen neuen Keil in die friedliche Politik des Zusammenlebens der beiden Volksgruppen in der Landeshauptstadt.

2005
Nach einem hitzigen Wahlkampf um den Bürgermeisterposten in Bozen setzt sich in einem zweiten Wahldurchgang Luigi Spagnolli, der Kandidat der Mitte-Links-Parteien durch. In einem ersten Wahldurchgang hatte der Kandidat der Rechtsparteien inklusive Postfaschisten und Berlusconipartei »Forza Italia« gewonnen, aber mit seinem Bündnis keine Mehrheit im Gemeinderat gefunden. Ein Novum: auf der Liste der Südtiroler Volkspartei erscheint erstmals eine italienische Kandidatin.

2006
Das Messner Mountain Museum auf Schloss Sigmundskron wird eröffnet. Während der Bauarbeiten für das Museum werden die Gebeine einer 6000 Jahre alten Frau gefunden.

2008
Bei den Landtagswahlen verliert die Südtiroler Volkspartei erstmals die absolute Mehrheit in Prozenten. Allerdings behält sie wegen des Berechnungssystems die Mandatsmehrheit im Landtag. Luis Durnwalder wird als Landeshauptmann bestätigt. Die Koalition mit dem sozialdemokratischen Partito Democratico (die Regierungsbeteiligung einer italienischen Partei ist statutarisch verpflichtend) führt zu einem neuerlich gespannten Verhältnis zur rechtskonservativen Berlusconi-Regierung in Rom.

2009
Im ganzen Land wird Andreas Hofers und des Bauernaufstandes 1809 gedacht. Zahlreiche Ausstellungen und Veranstaltungen erinnern an das historische Ereignis.

2011
50 Jahre nach der sogenannten Feuernacht sollen Theaterstücke und Produktionen an diesen Meilenstein der Südtiroler Geschichte erinnern.

Traditionelle Kleidung, getragen bei den Trachtenfesten

Reise Top-Ten

Eisacktal/Wipptal

Sterzing

Schon im 12. Jahrhundert eine bedeutende Handelsstadt, Heimat des Freiheitshelden und republikanischen Vordenkers Michael Gaismair, der 1525/26 die Bauernaufstände anführte. Die »Neustadt« stammt aus dem 15. Jahrhundert, der »Zwölferturm« ist das Zentrum einer sehenswerten Geraden, der »Shoppingmile« von Sterzing. So kühl die Temperaturen Sterzings sein können, so warm ist der Empfang, der hier von den Geschäftsleuten bereitet wird.

Brixen: Dom und Kloster Neustift

Der Brixner Dom: ursprünglich ein ottonischer Bau, der um 1200 neu gestaltet wurde und deshalb ein schöner Botschafter der Romanik ist. Im dreischiffigen Langhaus finden immer wieder lohnenswerte Konzerte in der Reihe »Musik und Kirche« statt. Aber auch ohne die Stars der sakralen Musik sind die Krypta und die drei Apsiden sowie die zwei Fassadentürme sehenswert. Der barocke »Neubau« entstand zwischen 1745–1754 mit Fresken von Paul Troger und einem Hochaltar von Theodor Benedetti. Die klassizistische Vorhalle wurde um 1783 von Jakob Pirchstaller gestaltet.

Kloster Neustift wurde im Jahr 1142 vom seligen Bischof Hartmann als Augustiner-Chorherrenstift gegründet und wurde im Land zu einem der Hauptzentren für Bildung (Klosterschule), Kunst (Michael und Friedrich Pacher), Musik und Wissenschaft. Die Anlage der Stiftsgebäude ist eine der größten Tirols. Dazu gehören die nach dem Jahr 1742 barockisierte romanische Stiftskirche, die Bibliothek, der gotische Kreuzgang, der Weltwunderbrunnen und natürlich die wunderbaren Gärten.

Wirtschaftliches Rückgrat des Stiftes war und ist der Weinbau.

Pustertal

Naturpark Sextner Dolomiten

Die Drei Zinnen sind die Wahrzeichen des 11 650 ha großen Naturparks »Sextner Dolomiten«. Aber von diesem Supermotiv für alle Kameras einmal abgesehen, bietet der Park auch einiges mehr. Die Lärchenwiesen in Bad Moos, am Eingang des Fischleintales zum Beispiel, auf denen von Arnika bis Enzian tausend Blumen blühen. Dazu eine Tierwelt, die artenreicher nicht sein könnte.

Pragser Wildsee

Prags gilt als eines der abwechslungsreichsten und schönsten Seitentäler des Südtiroler Pustertals, und als besonderes Juwel dieses Naturparks gilt der Pragser Wildsee. Ein Rundgang um den mit dreieinhalb Kilometern Umfang recht kleinen See dauert über eine Stunde. Aber das liegt vor allem daran, dass man immer wieder stehen bleibt, um sich die Landschaft anzusehen. Wer dann noch immer nicht genug hat, kann versuchen, eines der über 100 Zimmer im denkmalgeschützten Hotel »Pragser Wildsee« zu buchen und sich in die Liste jener Persönlichkeiten einzureihen, die das vor ihm auch schon getan haben. Enttäuscht soll bisher keiner gewesen sein.

Dolomiten

Dolomiti Superski

Skifahren ohne Ende, mit einem einzigen Skipass. Wer sich vornimmt, das ganze Angebot zu nutzen, sollte allerdings genügend Zeit und Ausdauer mitbringen. Insgesamt stehen mit dem »Dolomiti-Superski«-Pass auf den Hängen rund um den mächtigen Sellastock über 1200 Kilometer Pisten in 12 Ski-Regionen zur Verfügung. Cortina, Alta Badia, Gröden, Marmolada und natürlich der Kronplatz bei Bruneck, einer der bekanntesten Skizirkusse des

Romantisch und tief verschneit, die Dolomiten im Winter

Skiwanderungen und Skifahren ohne Ende

Schloss Trauttmansdorff

Schloss Kastelbell

Daten und Fakten

Landes. Informationen dazu gibt es unter anderem für Internetnutzer auf einer zentralen Homepage: www.dolomitisuperski.com

Bozen

Bozner Obstmarkt und Ötzi

Das archäologische Museum mit der berühmten Gletschermumie »Ötzi« ist seit seiner Eröffnung ein internationaler Magnet. Zurecht, und nicht alleine wegen der Mumie. Wenn man schon da ist, lohnt es sich außerdem ein paar Schritte weiter auf den Bozner Obstmarkt zu schlendern. Er ist die bunte Fruchtpalette Bozens und nicht nur das. Längst ist der Obstmarkt nicht mehr nur Obstmarkt alleine. Frisches Fleisch, die verschiedensten Käsesorten, Brot und im Winter gebratene Kastanien runden das traditionelle Bild ab.

Was der Obstmarkt aber immer bleiben wird, ist ein zentraler Orientierungspunkt am Kopfende der Lauben. Ganz so, wie das Goethe zu Beginn seiner Italienreise beobachtet hat.

Überetsch/Unterland

Castelfeder

Zwischen Auer und Neumarkt liegt ein Hügel, der auch in Griechenland stehen könnte. Die Porphyrkuppen enthalten noch die Spuren der Gletscherschliffe, dazwischen verteilen sich fast impressionistische, mediterrane Wiesenflächen, knorrige Flaumeichen und kleine Tümpel. »Ein Wall von Schweigen, dünn wie ein Seidenfaden, säumt den Ort« schrieb der Lyriker Erich Kofler. Auf Castelfeder, wo im siebten Jahrhundert ein Barbarakirchlein stand, gibt es auch noch Spuren einer alten Siedlung aus der Bronzezeit.

Meran

Die Stadt und der Genuss

Die Stadt alleine ist schon einen Besuch wert. Aber wenn man schon mal da ist, sollte man auch bei den Meraner Thermen, dem botanischen Garten und dem Tourismusmuseum vorbeischauen. Der berühmteste und damit auch der von der Prominenz besonders geliebte Kurtempel der Passerstadt ist natürlich das Hotel Palace, wo sich unter der Anleitung des Gesundheitsmanagers Henri Chenot Luciano Pavarotti gesundschrumpfen und Prinzessin Caroline von Monaco aufpäppeln lässt. Je nachdem, wie groß die Reisekasse ist.

Vinschgau

Karthaus im Schnalstal

Die Dorfgeschichte von Karthaus ist einzigartig. Als das dortige Kloster Allerengelsberg im Jahr 1782 aufgelöst wurde, übernahmen die Bauern nach und nach die leer stehenden Gebäude und bauten sie für sich aus. Nach einiger Zeit bot die Kartause den kuriosen Anblick eines Dorfes, das genau dem Klostergrundriss folgte. Leider brannte dieses Unikum 1924 vollständig ab. Aber auch in dem wieder aufgebauten Dorf lassen sich noch zahlreiche Bauteile des alten Klosters entdecken. Der Kreuzgang ist jederzeit frei zugänglich und vermittelt noch die Stimmung der Mönche hinter den kleinen Fenstern. Weiter hinten und oben im Schnalstal steht das ganze Jahr über Gletscher-Skifahren auf dem Programm. Wer oben keinen Platz mehr findet, kann es im ruhigeren Karthaus versuchen.

Kloster Marienberg

Schon von weitem bietet die mächtige Benediktinerabtei oberhalb von Burgeis im Obervinschgau einen imposanten Anblick. Die hohen weißen Mauern mit den vielen Fenstern leuchten hell über das ganze Tal. Im 11. Jahrhundert schon wurde mit dem Bau der Anlage begonnen. 1156 wurde die Krypta geweiht, 1201 die dreischiffige Basilika fertig gestellt. Als die Basilika im 17. Jahrhundert dem blühenden Barock etwas angepasst wurde, muss eine respektvolle Hand am Werk gewesen sein. Denn die Barockisierung erfolgte in einer vergleichbar sanften Ausführung. Die Krypta von Marienberg zählt heute zu den wichtigsten Beispielen romanischer Freskokunst.

Wissenswertes zu Orten und Regionen

Eisacktal

Wer das Eisacktal erleben will, muss die Autobahn vermeiden. Allein schon die Fahrt über die Bundesstraße eröffnet die Möglichkeit für viele schöne Entdeckungen. Unbedingt sollte man aber einen Ausflug nach Sterzing, Brixen und Klausen machen, um besondere Südtiroler Orte zu erleben. Darüber hinaus lohnen Wanderungen durch das Mittelgebirge im Eisacktal. Jede Gemeinde und jedes Hotel machen gerne Vorschläge für einzelne Tagestouren, und es ist nie weit zu einem lohnenden Ausflugsziel.

Hotel Elephant
Die erste Adresse in Brixen und eine Erinnerungsstätte an jenen 20. Dezember 1551, als plötzlich ein echter Elefant vor der Türe stand. Der Dickhäuter hieß Soliman und war ein Hochzeitsgeschenk des Königs von Portugal für seinen Neffen Erzherzog Maximilian und seine Frau. Auf der Durchreise machte der Regent mit seinem neuen Haustier hier Halt.
Ein Fresko von Lenhart Mair erinnert heute noch daran.
Weisslandstraße 4, I-39042 Brixen, Tel. 04 72/83 27 50,
E-Mail: elephant.brixen@acs.it

Pension Traubenwirt Dependance
Runggadgasse 24,
39042 Brixen (Eisacktal),
Tel. 04 72/83 36 89,
Fax 04 72/83 47 31,
E-Mail: info@traubenwirtgarni.it,
Internet: www.traubenwirtgarni.it), Preise im DZ zwischen 32 und 36 Euro

Hotel Goldener Adler
Mitten im historischen Stadtkern von Klausen. Geräumige Zimmer und das volle Angebot für Wellness etc.
Hotel Goldener Adler
Auf der Frag 14, 39043 Klausen, Tel. 04 72/84 61 11,
E-Mail: info@goldeneradler.it,
Internet: www.goldeneradler.it

Dolomiten

Durch die Dolomiten zu fahren ist an sich schon ein Erlebnis. Alle Passstraßen durch die Dolomiten bieten Aus- und Einblicke, an die man sich lange erinnern wird. Je nachdem, ob man dann Wandern, Skifahren oder Klettern will, gibt es dann eine neue und große Palette an Möglichkeiten für jeden Besucher. Wenn man aber in dieser Gegend unterwegs ist, sollte man sich zumindest einen Abend in der »Perla« gönnen. Einfach so, um zu sehen, dass es auch hier durchaus weltläufig zugehen kann.

Heiligkreuz Hospiz Alta Badia

Romantik Hotel La Perla/Corvara
Col Alt-Straße 105, 39033 Corvara, Tel. 04 71/83 10 00,
Fax 04 71/83 65 68,
E-Mail: laperla@altabadia.it,
Internet: www.romantiklaperla.it, DZ ab 150 Euro
Das Hotel La Perla ist eines, das Restaurant mit dem Namen des Hausherren (Stüa de Michil) eigentlich etwas anderes. Aber in beiden Fällen hat man es mit einer verlässlichen Topqualität zu tun. Die Familie von Michil Costa führt sowohl Hotel als auch Restaurant seit 1956, und beides vom ersten Tag an kompromisslos.
Nur 27 Gäste können im feinen Restaurant Platz finden. Das Problem: bei der Küche, bei dem Wein- und Zigarrenangebot hat niemand Lust, den Tisch vorzeitig zu verlassen.
Wer die entsprechenden Kosten nicht scheut, wird hier feststellen, dass er kein bisschen zu viel ausgegeben hat.

Hotel Heubad
Schlernstraße 12, 39050 Völs, Tel. 0471 725020, Fax 04 71/72 54 24, E-Mail: hotel.heubad@dnet.it Internet: www.hotel-heubad.com
DZ ab 90 Euro
Die heilende Wirkung von Heubädern wird von niemandem bestritten. Rheuma, Arthrose, allerlei Gelenk- und Rückenschmerzen sollen mit der gärenden Wärme von Heubädern geheilt werden können. Immer mehr wird diese Kur aber auch von gesunden Gästen genutzt. Einfach nur, um den Erfahrungsschatz zu erweitern. Man kann, aber man muss nicht auf die Heubäder angewiesen sein, in jedem Fall sind sie ein absolut südtirolspezifisches Erlebnis.

Dolomiti Superski
Skifahren ohne Ende, mit einem einzigen Skipass. Wer sich vornimmt, das ganze Angebot zu nutzen, sollte allerdings genügend Zeit und Ausdauer mitbringen. Insgesamt stehen mit dem »Dolomiti Superski«-Pass auf den Hängen rund um den mächtigen Sellastock über 1.200 Kilometer Pisten in 12 Ski-Regionen zur Verfügung. Cortina, Alta Badia, Gröden, Fassatal, Marmolada, Civetta, um nur die Hälfte zu nennen. Informationen dazu gibt es unter anderem für Internetnutzer auf einer zentralen Homepage: www.dolomitisuperski.com

Ladinisches Landesmuseum
Ciastel de Tor 72, St. Martin in Thurn, Tel. 0474 524020, Fax 04 74/52 42 63, E-Mail: info@museumladin.it, Internet: www.museumladin.it

Bergidylle in der Faneshütte

Wellnessoase Bad Schörgau

Geöffnet: Di bis Sa von 10 bis 18 Uhr und So von 14 bis 18 Uhr. Mo Ruhetag
Wenn Ladiner über sich und ihre Kultur ein eigenes Museum einrichten, dann ist klar, dass es eine Sache sein muss, die sich von den restlichen Museen im Lande abhebt. Das gebietet schon der Stolz und das Selbstbewusstsein dieser Volksgruppe. Wer hier herkommt, bekommt die Welt der Ladiner selbstverständlich in deren Sprache präsentiert. Jede Erklärung, jede Geschichte kann aber natürlich auch synchron in der Sprache des Besuchers gehört werden, zumindest in diesem Punkt wollten sich die Ladiner nicht vom Rest der Welt unterscheiden.

Aktivsport in den Dolomiten

Ob Paragliding, Mountainbiken oder Klettern, in den Dolomiten kann jeder Sportbegeisterte etwas finden, das seine Abenteuerlust befriedigt. Je nachdem, was einen interessiert, gibt es Vereine, Clubs und Organisationen, die darauf spezialisiert sind. Paragliding: z.B. Flugschule Alta Badia mit Helmuth Stricker, Tel. 0471/847592 oder Mobil: 3480058543, E-Mail: cvlstricker@rolmail.com, Internet: www.cvl-altabadia.com
Mountainbiken: Südtirol Bike Arena, Tel. 0471/631633, E-Mail: info@bikearena.it, Internet: www.bikearena.it
Klettern: Alpinschule Mountain Soul, Mobil: 3352138 42 E-Mail: mountain_soul@rolmail.net

Informationen Dolomiten
Tourismusverband Gröden, Dursanstraße 78, St. Christina, Tel. 0471/792277, Internet: www.valgardena.it

Bozen

Bozen ist bunt. Selbst wer kein Obst oder Gemüse kaufen will, kann am Bozner Obstmarkt zwischen den Obstständen flanieren und das Farbenspiel genießen. Längst ist der Obstmarkt auch nicht mehr nur Obstmarkt alleine. Fleisch, Käse, Brot und im Winter geröstete Kastanien runden das traditionelle Bild ab. Was der Obstmarkt immer bleiben wird, ist der zentrale Orientierungspunkt am Kopfende der Lauben. Ganz so, wie das Goethe zu Beginn seiner Italienreise beobachtet hat. Aber auch das früher eigenständige Dorf Gries, jenseits der Talferbrücke und der schönen Promenade lohnt einen Spaziergang. Dort gibt es auch das schmucke Kloster Muri Gries.
Früher einmal war Gries ein eigenes Dorf, das sich um das Benediktinerkloster gruppierte. Der Dorfcharakter ist bis heute erhalten, vor allem aber zieht das Kloster nach wie vor alle Aufmerksamkeit auf sich. In der Kirche von Muri Gries werden Konzerte und musikalische Messen veranstaltet. Der musikalische Leiter dieser Initiativen, Pater Urban Stillhard, ist aber auch ein echter Weinkenner. Ein Besuch in der klostereigenen Kellerei lohnt sich, und ein paar gute Tropfen lässt der Kellermeister auch gerne verkosten.
Grieserplatz 21, 39100 Bozen, Tel. Klosterkellerei: 0471/282287, Fax 0471/273448

Hotel Greif/Parkhotel Laurin
Waltherplatz, 39100 Bozen, Tel. 0471/973498, Fax 0471/300474, E-Mail: info@greif.it, Internet: www.greif.it, DZ ab 160 Euro
Parkhotel Laurin und Stadthotel Greif, das sind die beiden noblen Zwillingsschwestern für die gute Nacht in Bozen. Franz Staffler, Herr der beiden nahe beieinander liegenden Häuser und Spross einer alten Bozner Hoteliersfamilie, will in beiden Fällen keine Kompromisse eingehen. Jedes einzelne Zimmer ist ein künstlerisches Unikat. Eine Traumwahl zum Schlafen.

Hotel Stiegl
Brennerstraße 11, 39100 Bozen, Tel. 0471/976222, Fax 0471/981141, DZ ab 110 Euro
Ruhig am Rande der Altstadt Bozens, und doch vom Zentrum nur ein paar Schritte entfernt. Zu Mittag und zumal im Sommer zieht es viele Menschen für einen Ausflug ins Stiegl. Denn der kleine schattige Park, der zum Hotel gehört, ist einladend und be-

ruhigend. Ebenso natürlich wie das kleine Schwimmbad, an dem es sich gemächlich ruhen lässt.

Zundlhof
Rentscherstraße 48 b, 39100 Bozen, Tel. und Fax 0471/978702, DZ ab 30 Euro
Es ist die Realität Bozens im Lauf der Geschichte: ein Bauernhaus in einem Dorf, das zur Stadt gehört. So präsentiert sich der Zundlhof inmitten eines schönen Weingartens. Die Zimmer sind einfach und einladend, der Preis in jedem Fall überzeugend.

Restaurant Kaiserkrone
Musterplatz 1, 39100 Bozen, Tel. 0471/970770, Fax 0471/970865
Wenn die hohen Politiker oder eifrigen Geschäftsleute eine wichtige Besprechung mit würdig kulinarischem Intermezzo abhalten wollen, dann ist in Bozen die Kaiserkrone ihre häufigste Wahl. Nicht zufällig, denn das Essen ist ebenso bestechend wie die Weinkarte. Täglich frisch sollte man sich an die Empfehlungen des Chefs halten. Er meint es in jedem Fall zum besten seiner Klientel.

Restaurant Vögele
Goethestraße 3, 39100 Bozen, Tel. 0471/973938
Eine alte Tradition ließ Bozner Edel- und Leute in diesem Lokal über Südtirol diskutieren und debattieren. Der Witz, dass man sich dabei kein Blatt vor den Mund nehmen wollte, liegt schon im Namen, der ursprünglich einen mächtigen Adler meinte. Aber so offiziell sollten die Gespräche hier gar nicht sein. Dafür atmet die Stube heute den Hauch aller Legenden. Wer die Lektüre der Speisekarte vorzieht, wird dabei nie enttäuscht. Traditionelle und lokale Gerichte gibt es in jeder, auch verfeinerten Form.

Das Traditionsgasthaus »Hopfen & Co«
Obstplatz 17, 39100 Bozen, Tel. 0471/300788
Niemals trüb: Als Robert »Bobo« Widmann mit seinem Partner Diego das Bozner Traditionsgasthaus Gostner kaufte und in ein Brauerei-Wirtshaus umwandelte, ging zuerst ein Murren durch die Bozner Gemeinde. Die wenigsten konnten sich vorstellen, dass eine Brauerei die Tradition und den Stil des Hauses fortsetzen könnte. Aber der neue Wirt ließ sich nicht beirren – zu Recht! Denn zum einen blickt Bozen auf eine eigene Bierbrau-Tradition zurück (Ende des 19. Jahrhunderts gab es in Südtirol rund 20 Kleinbrauereien). Und zum anderen war der quirlige Gastgeber der richtige Mann am richtigen Ort. Heute ist Wirt Bobo und sein »Hopfen & Co« von Bozen nicht mehr wegzudenken, genauso wenig wie sein zweites Lokal, das »Batzenhäusl«. Donnerstags gibt es Live-Musik und wer Hunger hat, ist jederzeit mit Schweinsrippen bestens bedient.

Auskunft Verkehrsamt Bozen
Waltherplatz 8, 39100 Bozen, Tel. 0471/307000, Fax 0471/980128, E-Mail: info@bolzano-bozen.it, Internet: www.bolzano-bozen.it
Geöffnet: Mo–Fr 9–18 Uhr, Sa 9–12.30

Unterland – Südtirols Süden

Südtirols Süden, das Unterland, ist vielseitig. Zum einen glänzt das Überetsch mit dem größten See im Lande, dem Kalterersee, zum anderen, das Tal mit seinen urigen und schmucken Dörfern wie Neumarkt, Kurtatsch und Tramin. Aber es lohnt sich auch, die Spuren der Natur zu verfolgen, und da lohnt zum Beispiel eine Wanderung in die Bletterbachschlucht. Südtirols Canyon wird die Bletterbachschlucht in Aldein auch genannt, und für Geologen ist es gar so etwas wie ein Mekka ihrer Fachbegeisterung. In jedem Fall lässt es sich in die Schlucht hinein vortrefflich wandern. Augen auf für das Urgestein der Dolomiten und die Spuren der Dinosaurier, die hier in Urzeiten lebten. Aber man sollte auch mal die Rastenbachklamm in Altenburg bei Kaltern anpeilen, wenn man die kleinere, aber sehr romantische Variante des Canyons Südtirols erleben will. Hat man den Eingang gefunden (und die Fremden-

Zu jeder Jahreszeit kann man sich im Sarntal ...

... in Latschenkieferbädern verwöhnen lassen.

verkehrsämter helfen gerne mit Kartenmaterial aus) kann man einfach dem markierten Weg folgen, und sich, etwa im Sommer, darin vor der Hitze behüten. Danach lohnt sich auch ein Besuch im Naturparkhaus Truden (Köckenschmiedgasse 1, 39010 Truden, Tel. 04 71/86 92 47.) Kein Parkhaus in der Natur, sondern ein Museum zum Naturpark. Seit April 2003 kann man sich hier einen Einblick in die geologische Entwicklungsgeschichte Südtirols und speziell natürlich in jene von Südtirols Süden geben lassen. Ein guter Einstieg und eine sinnvolle Vorbereitung für viele Wanderungen, die man sich in dieser Gegend vornimmt. Das Auge kann so auf die Artenvielfalt von Südtirols Tierwelt geschult werden.

Hotel-Restaurant Seegarten
St. Josef am See 17, 39052 Kaltern, Tel. 04 71/96 02 60, Fax 04 71/96 00 66, E-Mail: info@seegarten.it, Internet: www.seegarten.it, DZ ab 80 Euro
Der Kalterer See ist der größte in Südtirol und natürlich auch ein großer Magnet zu jeder Jahreszeit. Am Hotel Seegarten kann man ihn in aller Ruhe auf sich wirken lassen, eingerahmt zwischen Palmen und unterstützt von wohligem Wein und guten Speisen. Nicht nur als Hotel, auch als Restaurant eine gute Wahl.

Schloss Englar
Pigenoweg 42, 39057 St. Michael/Eppan, Tel. 04 71/66 26 28, Fax 04 71/66 04 04, DZ ab 80 Euro
Eine besonders ruhige Adresse. Wer hier logiert, logiert mit Geschmack fürs Besondere und ist nicht auf der Suche nach exzessivem Luxus. Regelmäßig gibt es im großen Schlosssaal auch sehr ansprechende, klassische Konzerte, die das Schloss zu einer aktiven Kulturstätte machen.

Garni Traminer Klause
J.-v.-Zallinger-Straße 11, 39040 Tramin, Tel. 04 71/86 01 12, Fax 04 71/86 08 66, DZ ab 60 Euro
Das stattliche Haus mit dem kleinen Turm hat nur wenige Zimmer zur Auswahl. Aber wenn man eines der neun Doppelzimmer oder fünf Ferienwohnungen bekommt, kann man sich auf den Aufenthalt freuen. Denn die Gastfreundschaft ist spürbar und das Haus schön gelegen.

Restaurant zur Rose
Josef Innerhoferstraße 2, 39057 Eppan, Tel. 04 71/66 22 49, Fax 04 71/66 24 85, E-Mail: info@zur-rose.com, Internet: www.zur-rose.com
Gar nicht nötig im Grunde, darauf hinzuweisen, dass das Restaurant zu den Jeunes Restaurateurs d'Europe gehört und im Michelin mit einer kleinen aber vielsagenden Blume gekennzeichnet ist. Denn das Restaurant zur Rose hat sich längst einen Namen gemacht, der von allen, die kulinarisches genießen können, sehr ernst genommen wird. Die Speisekarte ist eine wahre Fundgrube für jeden Geschmack.

Informationen Unterland
Tourismusverband Südtirols Süden, Pillhofstraße 1, Frangart, Tel. 04 71/63 34 88, Internet: www.suedtirols-sueden.net

Meran

Alles, je nachdem was das Herz begehrt. Man kann einfach durch Meran flanieren, und den Hauch der alten Kaiserzeit genießen. Und man kann sich durch die Laubengasse treiben lassen und Schmuckstücke im Steinachviertel entdecken. Auf jeden Fall: ein Besuch im botanischen Garten. Sonnengärten, Wasser- und Terrassengärten, Waldgärten, japanische und Südtiroler Landschaften verteilen sich über das Gelände. Das Wort der höchsten Blüte Merans hat eine andere Dimension bekommen. Nicht weniger als 170 000 Pflanzen buhlen um die Aufmerksamkeit des Besuchers. Kaiserin Sissi, die hier ihren Winter verbrachte, hätte ihre Freude daran gehabt.

Darüber bietet Meran aber auch zu jeder Jahreszeit reichlich Programm. Für jeden und für hehre Prominenz. Zum Beispiel im Palace Hotel. Wenn Pavarotti oder Fürstin Caroline von Monaco nach Südtirol reisen, steigen sie im Hotel Palace ab, und jedes Mal gibt es sowohl große Aufregung als auch stilles Schweigen über die prominenten Gäste. Denn in erster Linie geht es hier um Ruhe und professionellen Service. Sei es im Hotel oder auch in der angeschlossenen Gesundheitsfarm, bei der Pavarotti die Gratwanderung zwischen Abnehmen und dem Beibehalten seines hohen Cs schafft.

Grand Hotel Palace
Cavourstraße 2–4, 39012 Meran, Tel. 04 73/27 10 00, Fax 04 73/27 11 00, E-Mail: info@palace.it, Internet: www.palace.it DZ ab 202 Euro

Fragsburg
Fragsburgerstraße 1, 39012 Meran, Tel. 04 73/24 40 71, Fax 04 73/24 44 93, Internet: www.fragsburg.com, DZ ab 140 Euro
Ein ehemaliges Jagdschlösslein, ziemlich genau so, wie man es sich vorstellt. Nur ohne Jagd eben. Gediegen über dem Meraner Talkessel gelegen, bietet es einen lohnenswerten Ausblick über das Etschtal, in das Vinschgau und das Ultental. Alles was dazugehört: Park, Schwimmbad und Sauna, wenn man will.

Frühstück in der Prissianer Wehrburg

Hotel Augusta
Otto-Huberstraße 2, 39012 Meran, Tel. 04 73/22 23 24, Fax 04 73/22 00 29, Internet: www.hotel-augusta.com, DZ ab 84 Euro
Ganz in der Nähe der evangelischen Kirche und am Ufer der Passer, die durch Meran fließt. Ruhig ist es hier und doch sehr zentral. Die Passer ist das lauteste Nebengeräusch, zumal die evangelische Gemeinde in Meran traditionsgemäß im katholischen Tirol sehr klein ist.

Das Restaurant Sissi
G.-Galilei-Straße 44, 39019 Meran, Tel. 04 73/23 10 62
Selbst ist der Koch und zwar konsequent. In der Küche des Restaurants Sissi wird nichts einfach aufgewärmt. Andrea Fenoglio, der Chef im Hause knetet sogar zweimal täglich frische Nudeln für seine Gäste. Das Restaurant neben der Talstation des Sessellifts nach Dorf Tirol ist ein lohnenswerter Tipp für Menschen, die ihre Gaumen verwöhnen wollen. Wie überall, aber hier besonders, gilt: die Beratung und Empfehlungen des Chefs sind die beste Speisekarte, die es gibt.

Santer Klause
Passeirer Gasse 34, 39012 Meran, Tel. 04 73/23 40 86
Das Steinachviertel, in dem dieses Restaurant liegt, ist eines der ansprechendsten in Meran. Ein bisschen versteckt, ein bisschen verwinkelt, besonders künstlerisch. Praktisch umzingelt von Ateliers und Szenelokalen liegt die Santer Klause, die zum kühlen Bier oder dem temperierten Wein im schattigen Gastgarten auch gute traditionelle warme Küche bietet.
Ein Besuch dort und man fühlt sich wie geschaffen für ein Herrengröstel.

Brauerei Forst und Biergarten
Freiheitsstraße 90, 39012 Meran, Tel. 04 73/23 65 35
Vinschgauerstraße 8, 39013 Algund, Tel. 04 73/26 01 11, Fax 04 73/44 83 65, E-Mail: info@forst.it
Praktisch überall, wo man in Südtirol ein Bier bestellt, bekommt man ein Forst angeboten, und natürlich hat die Forstbrauerei auch ihre eigenen Lokale. Eines ist im Zentrum von Meran und kombinierten bayrischen Charme mit Meraner Tradition. Die Brauerei Forst im gleichnamigen Ort am Westende von Meran ist aber auch ein beliebtes Ausflugsziel. Wegen des Biergartens zum einen, aber auch wegen der sehenswerten Produktionshallen.

Gärten von Trauttmansdorff
St.-Valentin-Straße 51 a, 39012 Meran, Tel. 04 73/23 57 30, Internet: www.trauttmansdorff.it, Geöffnet tgl 15. März bis 15. November 9–18 Uhr, Mitte Mai bis Mitte Sept bis 21 Uhr, Eintritt 7 Euro

Das Volkskundemuseum auf der Brunnenburg
Schlossweg 17, Brunnenburg, 39019 Dorf Tirol
Die Ursprünge der Brunnenburg gehen auf das 13. Jahrhundert zurück. Allerdings wurde die gesamte Burganlage, so wie sie heute trutzig über der Schlucht steht, zu Beginn des 20. Jahrhunderts umgebaut. Der Name des amerikanischen Lyrikers Ezra Pound steht in enger Verbindung mit der Burg. Seine Tochter Mary Pound lebt dort, ebenso sein Enkel, Dr. Siegfried de Rachewiltz, der das Museum eingerichtet hat. Rachewiltz ist außerdem Direktor des Landesmuseums Schloss Tirol.

Auskunft in Meran
Kurverwaltung, Freiheitstrasse 45, 39012 Meran. Tel. 0473 272000, Fax 04 73/23 55 24, E-Mail: info@meraninfo.it, Internet: www.meraninfo.it, Geöffnet: Mo–Fr 9–18.30, Sa 9.30–18, So 10–12.30

Vinschgau

Als erfinderisch gelten die Vinschger, und die Landschaft lässt manche Fantasie auch aufkommen. Karg auf der einen Seite, fruchtbar auf der anderen. Zwischen diesen beiden Welten lässt es sich im Vinschgau gut aufblühen. Wer hätte zum Beispiel gedacht, das die Schreibmaschine nicht etwa eine amerikanische Erfindung ist, sondern das Kind eines Südtirolers. Im Jahr 1864 baute der Partschinser Peter Mitterhofer mit seinem Apparat den Grundstein für die heutigen Schreibmaschinen. Im Museum ist ein Duplikat dieser Maschine zu sehen und auch was über die Jahre daraus wurde. Dann gibt es im

Die »Schöne Aussicht« im Hinterschnalstal

Der Archeopark im Schnalstal

Vinschgau aber auch reichlich Kunstgeschichte. Zum Beispiel im Prokuluskirchlein in Naturns. Dafür, dass das kleine Kirchlein in Naturns das unbestrittene Juwel unter den Südtiroler Sakralbauten ist, steht das Gebäude absolut unscheinbar da. Dafür aber lassen die restaurierten Fresken aus dem siebten Jahrhundert jeden interessierten Betrachter erblassen. Das berühmteste Motiv, der heilige Prokulus, der glücklich auf einer Schaukel sitzend über die Stadtmauer hinabgelassen wird, ist nur ein Teil des schlicht ältesten Freskenzyklus im deutschen Sprachraum.

Schreibmaschinenmuseum Partschins
Kirchplatz 10, 39020 Partschins, Tel. 04 73/96 75 81, E-Mail: partschins@gvcc.net

Sporthotel Vezzan
Kapuzinergasse 10, 39028 Vezzan, Tel. 04 73/73 01 55, Fax 04 73/62 16 15, DZ ab 70 Euro.

Gasthof zur Post
Florastraße 15, 39020 Glurns, Tel. 04 73/83 12 08, Fax 04 73/83 04 32, E-Mail: hotel.post.kg@rolmail.net, DZ ab 50 Euro
Die offiziell kleinste Stadt Italiens – Glurns – ist allemal eine Reise wert, und der Gasthof zur Post ist genau im Zentrum dieses kleines Schmuckstückes Südtirols. Hier lohnt es sich, die Größe der Kleinheit kennenzulernen und natürlich den Stolz der Bürger, die seit dem Jahr 1294 das Marktrecht besitzen.

Alpengasthof Tibet Hütte
Fam. Thoma 39020 Stilfs, Tel./Fax (Winter): 04 73/61 16 35, Tel./Fax (Sommer): 3 42 90 33 60, E-Mail: info@tibet-stelvio.com, DZ ab 30 Euro
Wer in seinem Wohnkomfort hoch hinaus will, ist eben hier, auf der Tibet Hütte, auf 2800 Metern im wörtlichen Sinne gut aufgehoben. Der Turmbau steht auf einer Aussichtsplattform, die dem Begriff alle Ehre macht. Auch als Ausflugsziel und Restaurant empfehlenswert.

Restaurant Kuppelrain
Bahnhofstraße 16, 39020 Kastelbell, Tel. 04 73/62 41 03, So und Mo Mittag geschlossen
Ein Ort um in kulinarischem Genuss zu verweilen. Man nehme ... sich Zeit. Auch, um die beeindruckende Weinkarte auf sich wirken zu lassen. Der Chefin kommt nur Gutes ins Haus. Auch Der Hausherr und Koch, Jörg Trafoier, geht keine Kompromisse ein. Je nach Jahreszeit gibt es frische Spargel die im Vinschgau mit einer Bodenheizung gezüchtet wurden, Lamm, Wild oder Geflügel. Das ganze Jahr über sind die Nudelgerichte empfehlenswert und natürlich die Atmosphäre, für die man aber eben Zeit haben sollte.

Schloss Juval Naturns
Reinhold Messner kaufte sich im Jahr 1983 das Schloss als Sommerwohnsitz und Kletterburg mitsamt dem dazugehörigen Hof.
Heute verbringt er selbst nur mehr wenig Zeit hier. Aber er kümmert sich persönlich um das Museum im Schloss und verbringt auch öfter mal einen Abend im Buschenschank. Schloss Juval beherbergt eine Tibetika-Sammlung, eine Bergbildergalerie, eine Maskensammlung aus vier Kontinenten, sowie Reinhold Messners Bergsteigerausrüstungen aus verschiedenen Expeditionen.

Kloster Marienberg (Burgeis im Vinschgau)
Schon von weitem bietet die mächtige Benediktinerabtei oberhalb von Burgeis im Obervinschgau einen imposanten Anblick. Die hohen weißen Mauern mit den vielen Fenstern leuchten hell über das ganze Tal.
Im 11. Jahrhundert schon wurde mit dem Bau der Anlage begonnen. Im Jahr 1156 wurde die Krypta geweiht, 1201 die dreischiffige Basilika fertig gestellt. Als die Basilika im 17. Jahrhundert dem blühenden Barock etwas angepasst wurde, muss eine respektvolle Hand am Werk gewesen sein. Denn die Barockisierung erfolgte in einer vergleichbar sanften Ausführung. Die Krypta von Marienberg zählt heute zu den wichtigsten Beispielen romanischer Freskokunst.

Tourismusverband Vinschgau
Kapuzinerstraße 10, Schlanders, Tel. 04 73/62 04 80, Internet: www.vinschgau.suedtirol.com

»arts & events« – Die Highlights Südtirols

Frühling

Blumenmarkt Bozen
(Ende April, 1. Mai)
Betunien, Beete und Balkonpflanzen. Südtiroler Gärtner wetteifern auf dem Bozner Waltherplatz um die farbenprächtigsten Arrangements.

Internationaler Burgenritt in Eppan
(Mitte Ende Mai)
Der Burgenritt von Eppan bietet ein einmaliges Erlebnis in einer der burgenreichsten Gegenden Europas: die Reiter beweisen bei acht Turnieren Geschicklichkeit – sie müssen insgesamt zehn historische Burgen anreiten – Unterhaltung finden die Zuschauer auch bei den vielfältigen Rahmenveranstaltungen.

Oswald-von-Wolkenstein-Ritt am Hochplateau des Schlern
(Ende Mai)
Mittelalterliches Reitspektakel – Ritterspiele zu Ehren von Oswald von Wolkenstein, Minnesänger, Ritter und Abenteurer des Mittelalters. Der Reiterwettbewerb ist einer der größten Europas – 35 Mannschaften absolvieren vier Etappenspiele bzw. Ritterspiele – die Kulisse ist einmalig.

Sommer

Herz-Jesu-Feier
(am 09.06.)
Eindrucksvolle Prozessionen mit Musikkapellen, Schützenkompanien und Gläubigen durch Städte und Dörfer. Höhepunkt dieses Tages sind die beeindruckenden Bergfeuer.

Maratona des Dolomites
(Ende Juni)
Am wichtigsten europäischen Langstreckenrennen nehmen an die 7000 Radfahrer aus den verschiedensten Nationen teil.

Dolomiti Superbike
(Juli)
Das härteste Radrennen in den Dolomiten ist mit seinen 111 km und einem zu bewältigenden Höhenunterschied von 3000 Metern eines der anspruchsvollsten Mountainbike-Rennen der Welt.

Gustav-Mahler-Wochen in Toblach
(Juli/August)
Vier Wochen lang feiert Toblach seinen wohl berühmtesten Gast mit Konzerten von internationalen Orchestern sowie Ensembles, Tagungen und Diskussionen.

Klavierwettbewerb Ferruccio Busoni
(Mitte August bis Anfang September)
Einer der renommiertesten Klavierwettbewerbe der Welt. Martha Argerich und Jörg Demus legten unter anderen bei diesem Wettbewerb den Grundstein ihres Erfolges. Finale und Vorrunden wechseln sich jedes Jahr ab.
(Info: 00 39 04 71/97 65 68)

Meraner Musikwochen
(August/September)
Hochkarätiges Musikevent, zählt zu den bedeutendsten Festivals klassischer Musik in Europa. Im Laufe der Jahre konzertierten weltbekannte Dirigenten und nahezu alle wichtigen Orchester Europas im Kursaal von Meran.

Jazzfestival Bozen
(Ende Sommer)
Treffpunkt für Jazzgrößen und ihre Fans. Von einem Geheimtipp für Spezialisten, ist die Konzertreihe inzwischen zu einem wohl gehörten Festival für die internationale und Südtiroler Jazzwelt geworden.
(Info: Südtiroler Marketinggesellschaft (SMG) 00 39 04 71/41 38 08)

Herbst

Großer Preis von Meran
(Letzter Sonntag im September)
Der Meraner Pferderennplatz gehört zu den schönsten und bekanntesten Europas. Das erste Rennen auf der fünf Kilometer langen Bahn fand 1935 statt. Höhepunkte der Saison sind das Haflinger Galoppreiten am Ostermontag und natürlich der große Preis von Meran am letzten Sonntag im September.

Traubenfest in Meran
(Wochenende im Oktober)
Großereignis im goldenen Südtiroler Herbst – bereits am Samstagnachmittag beginnen Trachtengruppen, Kutschen, Musikkapellen, Fanfarengruppen, Blasorchester und Spielmannszüge mit musikalischen Darbietungen die Kurstadt zu füllen – am Sonntag fährt das Musikprogramm am Vormittag fort, bis dann am Nachmittag der große Festumzug beginnt.

Stegener Markt
(Ende Oktober)
Altbekannte Rituale – der »Köschtenbrater« am Anfang der Marktbuden – die Frau hinter dem Kleiderstand – der Lederjackenverkäufer – der Mann hinter dem Käsestand – die Viehhändler und der »Luna Park«, sowie das gesellige Beisammensein im Festzelt.

Winter

Weinfestival Meran
(Kurhaus Meran, Anfang November)
Weinbeißer aus vielen Teilen der Welt kosten sich durch die Weine mehrerer Nationen. Für Südtirol immer ein guter Moment, sich mit der restlichen Welt des Weines zu vergleichen. Für alle anderen eine gute Gelegenheit, seinen Gaumen-Spürsinn zu testen. Parallel zum Wein-Festival läuft gleichzeitig im schmucken Kurhaus auch die »Culinaria« mit Proben internationaler Gaumenfreuden.
(Info: 00 39 04 73/ 20 04 33)

Bozner Weihnachtsmarkt
(Waltherplatz Bozen, Adventszeit)
Vor allem Gäste aus vielen Teilen Italiens schwören, dass dies der schönste Weihnachtsmarkt der Welt ist. Tatsache ist, er ist der größte Südtirols. Glühwein, Lebkuchen und Nippes gibt es hier wie überall

Marketenderinnen schmücken die Umzüge.

Moderne Kunst

auf der Welt. Aber irgendwie scheinen die Glöckchenklänge zu den Füßen des Walther von der Vogelweide eine besondere Note zu bekommen.

Schneefigurenwettbewerb
(Gröden, Ende Dezember)
Künstler aus dem ganzen Land zeigen in Wolkenstein, im Tal wo die meisten Holzschnitzer zu Hause sind, was sie mit Schnee alles machen können. Gefragt ist nicht nur Können, sondern auch Fantasie, und kaum etwas ist ein geeigneteres Symbol für die Vergänglichkeit von Schönheit als ein Festival von Figuren, die bald schmelzen. (Info: Tourismusverein Wolkenstein: 00 39 04 71/79 51 22)

Internationaler Silvesterlauf »Boclassic«
(Waltherplatz Bozen, 31. Dezember)
International bekannte Athleten geben sich bei diesem Mittelstreckenlauf am letzten Nachmittag des Jahres die Ehre. Gerannt wird durch die winterliche Stadt, die jede Menge Gelegenheit bietet, als Zaungast bei Glühwein und anderen Angeboten am Rande zu stehen. Vorausgesetzt, man ist nicht qualifiziert, mitzurennen.

Egetmannumzug in Tramin
(Faschingsdienstag in »ungeraden« Jahren)
Allerlei Schreckgestalten sind unterwegs, wenn der Egetmann, eine Puppe im Frack, Hochzeit feiert. Die Ursprünge des wilden Treibens liegen Jahrhunderte zurück und haben etwas mit der Verkörperung eines Fruchtbarkeitskultes zu tun. Vorsicht ist geboten, wenn man sich diesen traditionsreichen Umzug aus der Nähe ansehen will. Denn Teil des Spaßes ist auch, dass die Zuschauer in das Spektakel miteinbezogen werden.

Ganzjährig
Museum für moderne Kunst
Seit Jahren arbeiten die Kunstprofis im so genannten »Museion« gegen das Vorurteil, eine provinzielle Kunst-Institution zu sein. Auch das neue Museumsgebäude, das 2007 fertig gestellt werden soll, wird diesem Anspruch gerecht werden. Internationale Kunstsammlungen und dazu fachkompetente Führungen durch den Direktor.

Stadttheater
Das Bozner Stadttheater am Verdiplatz beherbergt beide Südtiroler Bühnen, die italienische und die deutsche. Davon abgesehen tendieren die Theatermacher in dem vom Star-Architekten Zanuso gebauten Kulturtempel dazu, auch sprachübergreifende Produktionen anzubieten. Ein Blick auf das aktuelle Programm lohnt sich.

Das Volkskundemuseum auf der Brunnenburg
Die Ursprünge der Brunnenburg gehen auf das 13. Jahrhundert zurück. Allerdings wurde die gesamte Burganlage, so wie sie heute mutig über der Schlucht steht, zu Beginn des 20. Jahrhunderts umgebaut. Der Name des amerikanischen Lyrikers Ezra Pound steht in enger Verbindung mit der Brunnenburg. Seine Tochter, Mary Pound, eine gefragte Pound-Spezialistin, lebt heute noch dort, ebenso sein Enkel, Dr. Siegfried de Rachewiltz, der das Museum in der Burg eingerichtet hat. Rachewiltz ist außerdem der Direktor des Landesmuseums Schloss Tirol.

Die landesfürstliche Burg
Siegmund der Münzreiche war eigentlich kein reicher Mann. Wer sich also bei der Meraner Residenz dieses Erzherzogs eine prachtvolle und mit viel »Münzreichtum« gebaute Burg erwartet, liegt falsch. Enttäuscht ist man nach einem Besuch dieses ehemaligen Nebengebäudes des Kelleramtes, das 1470 zu einem Schlösschen umgebaut wurde, aber nicht. Das gotische Mobiliar, einer der ältesten Kachelöfen Tirols und die historische Musikinstrumentensammlung lohnen einen Besuch.

Die Churburg
Die Churburg in Schluderns wurde im 13. Jahrhundert vom Churer Bischof Heinrich von Montfort gebaut, gelangte aber bald danach in den Besitz der Herren von Matsch. Als diese Familie keinen Erben mehr aufzuweisen hatte, übernahmen die Grafen Trapp im 16. Jahrhundert den Besitz. Ab 1537 begannen die Besitzer, denen die Burg heute noch gehört, die alte Anlage umzubauen und machten sie zu jener prachtvollen Renaissance-Residenz, die sie bis heute geblieben ist. Prunkstück ist der Loggienhof mit dem umlaufenden Arkadengang und natürlich die Rüstkammer, die heute die größte private Rüstungssammlung Europas enthält. Hier gibt es auch den Riesenharnisch des Ulrich von Matsch zu sehen. 2 Meter 30 hoch und 45 Kilogramm schwer, ein Anblick der jeden Gegner erstarren ließ.

Schloss Juval
Die ältesten Grundmauern von Schloss Juval in Naturns gehen auf das 13. Jahrhundert zurück. Hugo von Montalban ließ die Anlage auf einem prähistorischen Platz errichten. Nach einigen Besitzerwechseln und harten Tiefschlägen, die das Schloss im zweiten Weltkrieg erleiden musste, gelangte Juval 1983 in den Besitz des Extrembergsteigers Reinhold Messner. Nach einer gründlichen Restauriung und einigen Jahren, in denen Messner das Schloss mit seiner Familie allein als Rückzugsort nutzte, machte er die Anlage der Öffentlichkeit zugänglich. Schloss Juval beherbergt eine Tibetika-Sammlung, eine Bergbildergalerie, eine Maskensammlung aus vier Kontinenten, sowie Reinhold Messners Bergsteigerausrüstungen aus verschiedenen Expeditionen.

Grödner Tracht

Südtirol von A bis Z

Alkohol

Südtirol wird vor allem im Herbst zum Törggelen häufig von Reisegesellschaften mit feuchtfröhlichen Absichten heimgesucht. Wissenswert ist, dass die Alkoholpegel-Regel in Südtirol, wie auf dem übrigen italienischen Staatsgebiet einen Maximalwert von 0,8 Promille vorsieht. Und die Geldbußen der Straßenpolizei liegen weit über dem deutschen Standard. Führerscheinentzug ist keine Ausnahme.

Anreise

Die Provinz besitzt seit 1999 einen eigenen Regionalflughafen. Flüge aus und nach Mailand, Rom und München werden angeboten, zusätzlich gibt es saisonbedingte Charterangebote. Gut zu wissen: Mit der Alitalia gibt es ein Abkommen, wonach der Anschlussflug nach/von Bozen (über Rom und Mailand) besonders günstig ist.

Die meisten Urlauber erreichen Südtirol aber nach wie vor mit dem Auto. Entweder auf der Autobahn über den Brenner oder über einen der anderen Pässe (Reschenpass, Timmelsjoch, Innichen). Die italienische Eisenbahn ist heute allerdings wesentlich besser als ihr Ruf. Von praktisch überall erreicht man Südtirol auch bequem mit dem Zug. Von der Landeshauptstadt aus gibt es dann auch jede Möglichkeit fast jeden Zielort zu erreichen.

Apotheken

Die Apothekendienste sind vergleichbar mit jenen in Deutschland, Österreich und der Schweiz. Als Orientierungshilfen für Dienste außerhalb der regulären Geschäftszeiten dient die Informationsseite der Südtiroler Tageszeitung »Dolomiten«.

Autoverleih

Es gibt dutzende Anbieter von Mietwagen. Kleine lokale ebenso wie die großen Anbieter (Budget, AVIS ...), die auch im Vorfeld der Reise kontaktiert werden können. AVIS: 00 390 471/97 14 67, Budget: 00 39 0471/97 15 31. Andere Anbieter können über die Gelben Seiten Italiens (www.paginegialle.it) abgefragt werden.

Ärztliche Versorgung

Die ärztliche Versorgung in Südtirol entspricht dem mitteleuropäischen Standard. Das größte Krankenhaus – mit einer Ersten-Hilfe-Station – ist jenes in Bozen. Zumindest offiziell sind alle Angestellten des Krankenhauses zweisprachig. Für Freizeitunfälle sind landesweit in der Regel drei Rettungshubschrauber abrufbereit. Die Notrufnummer in Südtirol ist: 118 oder 0471 44 44 44 (Weißes Kreuz).

Baden

Die meisten südtiroler Fremdenverkehrsorte haben öffentliche Schwimmbäder. Ansonsten ist Südtirol mit Badeseen nicht so gesegnet wie andere Alpenregionen. Dennoch lohnt sich ein Ausflug zum Kalterersee und den Montiglerseen im südlichen Landesteil, oder zum Völser Weiher Nahe Völs oder zum idyllischen Vahrner See bei Brixen. (Winter siehe Wellness).

Banken

Die südtiroler Banken bieten durchwegs Service in beiden Landessprachen an. Zusätzlich haben inzwischen praktisch alle Filialen Bankautomaten, die mit einer regulären EC-Karte bedient werden können.

Behinderte

Es gibt inzwischen einige Reiseveranstalter, die behindertengerechtes Reisen in Südtirol anbieten. Die meisten neuen öffentlichen Gebäude und Museen sind mit entsprechenden Eingängen und Aufzügen ausgestattet. Wer auf eigene Faust durch Südtirol reist, kann sich entsprechende Zusatzinformationen bei der Südtioler Marketinggesellschaft (SMG) holen. Tel. 00 39 04 71/41 38 08 oder über Internet www.hallo.com

Berge

Südtirols Bergwelt erstreckt sich mit dem höchsten Gipfel, dem Ortler, auf bis zu 4000 Metern Meereshöhe. Die Dolomiten bei rund 3000 sind ein beliebtes Ziel für Kletterer und Wanderer. Viele Möglichkeiten für Wanderungen auch ohne spezifische Bergerfahrungen bieten die vielen Mittelgebiete in jedem Tal.

Bus

In ganz Südtirol gibt es ein eng gestricktes Netz von öffentlichen Verkehrsmitteln. Wer sich mit dem Bus in Südtirol fortbewegen will, ist gut beraten, eine Wertkarte bei jedem beliebigen Zeitungskiosk zu kaufen, eine Wertkarte gilt für alle Busse und Eisenbahnen im Land und für die Seilbahn auf den Ritten.

Buschenschank

Gastbetriebe, die etwa dreiviertel des Jahres offen haben und meistens originäre Speisen anbieten. Speisekarten sind hier nicht immer der beste Orientierungspunkt, vertrauen Sie für die Auswahl den Empfehlungen des Wirtes.

Klosteralltag: Brot backen im Kloster Marienberg.

Camping

In Südtirol gibt es ca. 30 Campingplätze, die alle üblichen Dienste anbieten. Vor allem jene in der Nähe von Naturparks sind in der Hochsaison aber stark belegt. Ansonsten ist Südtirol vor allem ein Hotel- und Pensions- weniger ein Campinggebiet.

Diebstahl

Eine vernünftige Vorsicht ist geboten, wie überall in Europa. Niemand wird auf die Idee kommen einen größeren Geldbetrag in einem Cabrio liegen zu lassen, ansonsten hält sich die Gefahr in Grenzen.

Elektrizität

Überall im Land ist Wechselstrom zu 220 Volt vorgesehen. Allerdings gibt es in älteren Pensionen manchmal noch Schwierigkeiten bei den Steckdosen. Wer einen Schuko-Anschluss, zum Beispiel für Computer o.Ä. braucht, ist gut beraten, einen Zwischenstecker bei der Hand zu haben.

Essen

Südtirols Küche zeichnet sich durch das Verschmelzen der verschiedenen Kultureinflüsse aus. Experimentieren lohnt sich überall, weil der Standard eigentlich nie unter ein erträgliches Niveau fällt. Zusätzlich gibt es vor allem in den Städten zunehmend auch Angebote internationaler und exotischer Küche.

Fernsehen

Die meisten Hotels und Pensionen besitzen Satellitenschüsseln und bieten damit das ganze Spektrum der Fernsehkultur an. Lokale Programme sind zum einen das dritte Fernsehprogramm des italienischen öffentlich rechtlichen Senders RAI (Sender Bozen), zum anderen das Südtiroler Regionalfenster des österreichischen ORF (Südtirol Heute). Daneben gibt es auch italienische Privatsender.

Feste und Feiertage

1. Januar: Neujahr
6. Januar: Dreikönigstag
Ostermontag
25. April: Befreiung vom Faschismus
1. Mai: Tag der Arbeit
Pfingstmontag
15. August: Maria Himmelfahrt
1. November: Allerheiligen
8. Dezember: Maria Empfängnis
25. Dezember: Weihnachten

Von diesen offiziellen Feiertagen abgesehen gibt es Südtirol spezifische Festtage, die auf die unterschiedlichste Art und Weise gefeiert werden, darunter der Todestag Andreas Hofer, am 20. Februar und das Herz-Jesu-Fest, am dritten Sonntag im Juni mit Bergfeuern.

Film

In den großen Ortschaften Südtirols finden sich Kinos, die auch die neuesten Filme zeigen – allerdings entweder auf Deutsch oder Italienisch. Für die italienischen Synchronisationen gilt Südtirol sogar als Testpublikum, die neuesten Filme werden hier deshalb früher als anderswo aufgeführt.

Spielmacher: »Watt«-Runde im Sarntal

Daneben gibt es einen Filmclub mit mehreren Außenstellen, Programminformationen sind in den Tageszeitungen zu finden.

Gasthäuser

Gasthäuser gibt es über ganz Südtirol verteilt in allen Varianten. Ein bisschen Glück muss bei der Auswahl mitspielen, es lohnt sich, den Wirt nach seiner jeweiligen Spezialität zu befragen. Üblicherweise freuen sich alle Gastwirte über ernsthaftes Interesse und offenherziges Auftreten. In allen Gastbetrieben herrscht übrigens Rauchverbot.

Hotel

Hotels gibt es in jeder Preisklasse. Das Maximum an Auszeichnung sind vier Sterne mit einem Plus. Trotzdem sind die Preise meistens weit unter jenen in anderen italienischen Städten. Ein sauberes Bett mit Frühstück gibt es bei jedem Anbieter.

Information

Alle Informationen über Veranstaltungen und Hotels laufen in der Südtiroler Marketinggesellschaft (SMG) oder im örtlichen Tourismusverein zusammen. Die meisten südtiroler Tourismuszentren und Dörfer haben unter ihrem eigenen Namen entsprechende Internet-Webseiten. Die SMG hat ihren Sitz am Pfarrplatz 11 in Bozen (0471/41 38 08) Internet: www.hallo.com.

Jahrmärkte

In allen südtiroler Gebieten und Städten gibt es regelmäßig Jahrmärkte. Spezifische Informationen entnehmen Sie den örtlichen Medien und der Südtiroler Marketing Gesellschaft (siehe unter Information)

Kinder

Südtirol ist ein kinderfreundliches Land. Praktisch in allen Museen wird auch ein Sonderprogramm für die Kleinen vorgesehen. Die größten Städte der Provinz bieten außerdem zahlreiche Parks und Spielplätze an. Die größeren Hotels in den Tourismuszentren haben häufig auch Kinderhorte im Angebot.

Kleidung

Wer ausgiebige Wanderungen in Südtirol plant, sollte sich

entsprechend vorbereiten. Die meisten Bergunfälle passieren aus mangelndem Einschätzungsvermögen der potentiellen Gefahr. Kleidershopping ist zwar in praktisch allen Städten, besonders in Bozen, ein Erlebnis. Wer allerdings auf Schnäppchen aus ist, sollte sich keine große Illusionen machen. Das Preisniveau ist vergleichbar mit jenem in deutschen Großstädten.

Klima

Südtirol ist von einem weitgehend milden Klima verwöhnt, Meran gilt als das wintermildeste Gebiet des deutschen Sprachraums. Dafür rangiert Bozen bei den sommerlichen Höchsttemperaturen italienweit im oberen Feld. Im regenarmen Vinschgau bot vor einigen Jahren ein Hotelier eine Geld-zurück-Garantie bei Regenwetter an, fiel damit aber ins Wasser. Dennoch gilt Südtirol allgemein als regenarm.

Kultur

Südtirol besitzt ein gut funktionierendes Stadttheater in der Landeshauptstadt. Die wahre Szene aber spielt sich noch auf Kleinkunstbühnen ab. Das Spektrum reicht von Kabarett und Improvisationstheater in kleinen Sälen bis hin zu renommierten Inszenierungen im großen Bozner Stadttheater.

Museum

Museen gibt es in Südtirol für jeden Interessenbereich. Das berühmteste und meistbesuchte ist das Archäologiemuseum in Bozen mit dem Mann vom Hauslabjoch (Ötzi). Daneben lohnt sich auch ein Besuch im

Lieferzeiten: Ein Milchbauer in Barbian

Museum für moderne Kunst (Museion) in Bozen. Außerdem: Naturkundemuseum in Bozen, Botanischer Garten und Tourismusmuseum (Touriseum) in Meran, Schreibmaschinenmuseum in Partschins, Ladinisches Museum in St. Martin in Thurn, Waffenmuseum auf der Churburg im Vinschgau u.v.m.

Musik

Praktisch jedes südtiroler Dorf hat eine eigene Musikkapelle, die bei allen festlichen Anlässen auftritt. Viele Gastbetriebe in den Städten beherbergen vor allem an Wochenenden außerdem Bands der unterschiedlichen Sparten. Inzwischen haben sich auch einige Musikfestivals etabliert, darunter das Meraner Musikfestival, der Busoni-Klavierwettbewerb und das Jazz-Festival in Bozen.

Namen

Alle Orts- und Flurnamen in Südtirol sind zweisprachig. Es lohnt sich die jeweiligen offiziellen Namen dem entsprechenden Gesprächspartner anzupassen. Das fördert die Kommunikationsstimmung. Im Übrigen ist es empfehlenswert, bei allen offiziellen italienischen Stellen komplizierte deutsche Namen behutsam zu buchstabieren, das Verständnis für die deutsche Schreibweise ist nicht bei allen Beamten gleich gut ausgebildet.

Naturpark

In Südtirol gibt es acht großflächige Gebiete, die als Naturparks ausgewiesen sind. Den Besuchern verlangen diese Parks besondere Verhaltensregeln ab. Camping ist hier verboten. Im Übrigen sollte jeder Jäger- und Sammlertrieb besonders hier in Zaum gehalten werden. Bewundern und beobachten sind die angebrachtesten Tätigkeiten in diesen Gebieten.

Notruf

Polizei: 112 und 113
Rettungswagen: 118
Feuerwehr: 115

Orientierung

Kartenmaterial hat jede Zeitschriftenhandlung im Angebot. Die Verlage Freytag & Bernd sowie Kompass bieten die gängigsten geographischen Karten von südtiroler Gebieten an, wobei auf die Maßstäbe zu achten ist.

Parken

Besonders in den Städten Südtirols ist kostenloses Parken für einen längeren Zeitraum praktisch unmöglich. Allerdings stehen fast überall bewachte Parkplätze oder Tiefgaragen zur Verfügung. Die Nutzung der offiziellen Parkmöglichkeiten ist empfehlenswert.

Post und Telefon

Briefmarken und Telefonwertkarten sind in jedem »Tabacchino«, also in jeder Tabaktrafik bzw. jedem Zeitungshändler erhältlich. Die Post in Südtirol orientiert sich allerdings am süditalienischen Standard, häufig erreichen die Urlaubserzählungen den Adressaten früher als der Kartengruß. Öffentliche Telefone sind seit dem Boom der Handys stark reduziert worden. Münzapparate haben Seltenheitswert und sind leider kaum mit Telefonbüchern ausgestattet.

Quellen

An praktisch jeder Landesgrenze entspringt eine Quelle: Der Eisack am Brenner, die Etsch am Reschen und die in die Donau mündende Drau nahe der östlichen Landesgrenze bei Toblach. Ansonsten gibt es im ganzen Land vielfache genutzte Heilquellen.

Religion

Südtirol ist ein katholisch geprägtes Land. Protestantische Kirchen und Gemeinden gibt es in Meran und Bozen, darüber hinaus in Meran auch eine jüdische Gemeinde. Durch die zunehmende Zuwanderung aus Nordafrika gibt es mittlerweile auch kleine muslimische Gemeinden.

Restaurant

In den größten Städten Südtirols, Bozen und Meran, aber auch in den Seitentälern hat sich der internationale Anspruch der guten Küche durchgesetzt. Man braucht nur selten tiefer in die Tasche zu greifen, um vorzüglich zu speisen. Wer sich Besonderes gönnen will, hat sogar ein paar Michelin-Restaurants zur Auswahl (siehe entsprechenden Führer). Manche Restaurants haben eigene Raucherstuben. Ansonsten gilt auch hier: Rauchverbot allerorten.

Sport

Laufen, reiten, radfahren, wandern, raften, schwimmen, Tennis, Golf ... das sportliche Angebot ist reichhaltig sowohl im Winter als auch im Sommer. Beleg dafür sind dafür im Wintersport die zahlreichen Athleten, die international in der Oberliga mitspielen. Kaum ein Land investiert in die einzelnen Gebiete so viel in die Sportförderung der einzelnen Kategorien.

Sprache

In Südtirol werden zwei Landessprachen gesprochen: Deutsch und Italienisch. Vor allem die jüngeren Generationen sind nahezu zweisprachig, durch die Schule und immer mehr auch durch das Zusammenleben der Sprachgruppen. Während das deutsche Südtirolerisch deutlich als süddeutsch-alemannischer Dialekt erkannt wird, lehnt sich das Italienische am Standard an. In zwei Tälern, dem Grödner und Gadertal, wird darüber hinaus auch noch Ladinisch als lokale Verkehrssprache benutzt.

Törggelen

Das Törggelen im Herbst mit neuem Wein und gebratenen Kastanien gehört zu den erfolgreichsten »Produkten« Südtirols. Der Ursprung des Törggelen ist im Eisacktal, wo heute aber nicht weniger Betriebe darauf eingestellt sind als anderswo. Um ein für allemal ein Missverständnis aus der Welt zu schaffen: die Bestellung lautet bitte niemals »Einmal Törggelen«. Bestellen Sie einfach, was auf der Karte steht.

Unterkunft

Von der Jugendherberge bis zum teuren Hotel hat Südtirol jede Unterkunft im Angebot. Die Auswahl orientiert sich am jeweiligen Reisebudget. Preise können zwischen 15 Euro und max. 150 Euro variieren. Viele Reiseveranstalter bieten allerdings kostengünstige Pakete an.

Verbraucherschutzzentrale

Sollte unverhofft ein konsumententypisches Problem auftreten, ist die umtriebige Verbraucherschutzzentrale Südtirols die richtige Adresse. (Tel.: 00 39 04 71/97 55 97)

Wein

Südtirol ist ein ausgesprochenes Weinland. Längst vorbei sind jene Zeiten, in denen man sich vor billigen Wein fürchten muss. Der Anspruch ist überall gestiegen. Das bedeutet aber auch, dass die Auswahl immer schwieriger wird, wer die Wahl hat, hat die Qual. Jedenfalls lohnt es sich, nach südtiroler Weinen zu fragen. In den meisten Gastbetrieben wird eine breite Auswahl angeboten.

Der Bergbauern-Alltag ist oft beschwerlich.

In Bozen ist die originäre Traubensorte, der Lagrein, den es in unterschiedlichsten Qualitätsgraden gibt. Oswald von Wolkenstein träumte beim Konstanzer Konzil schon ausgiebig vom Traminer Wein.

Wellness

Viele Hotels, aber auch Gemeinden, folgen dem touristischen Zeitgeschmack für Wellnessprogramme aller Art. Erlebnisbäder, Sauna, Beautyfarm, Heubäder, Massagen, Milchbäder, Kneippkuren, kaum ein Detail dieses Bereiches fehlt in einem der großen Täler. Die europäische Adels- und Geldprominenz findet sich übers Jahr immer wieder im Meraner Hotel Palace.

Zeitungen

Es stehen jedem interessierten Lesepublikum in Südtirol zwei deutschsprachige lokale Tageszeitungen (»Dolomiten«, die auflagenstärkste, »Die neue Südtiroler Tageszeitung«, die frechste) zur Verfügung. Darüber hinaus sind zwei italienische Tageszeitungen (»Alto Adige«, die auflagenstärkste, »Corriere dell'Alto Adige«, die herausfordernde) und eine informative Wochenzeitung (»FF«) mit Fernsehprogramm auf dem Markt. Für Termine und Konzertveranstaltungen sind die »Dolomiten« und die »FF« besonders empfehlenswert, sonntags erscheinen lediglich »Alto Adige« und die »Dolomiten«-Schwester »Zett«. Wer sich während des Urlaubs über das internationale Geschehen informieren will, sollte sich eine der internationalen Zeitungen am Kiosk kaufen.

Daten und Fakten

Register

Ahrntal 21. 54, 56
Albions 38

Bad Moos 144
Barbian 20, 35 f., 38
Baumgartner, Hans 51, 53
Blattkofl 68
Bozen 34, 41, 71, 78, 86 ff., 102, 121, 130, 135, 140ff., 147
Brenner 9, 34
Briol 41
Brixen 41, 140, 144, 146
Bruneck 41, 54 f.
Brunnenburg 153
Burgeis 145, 151
Buschenschank 154

Caesar 19
Cappello, Andreas 123
Carrescia, Umberto 122 f.
Churburg 153

Dietenheim (Volksmuseum) 46, 52 f., 119
Dolomiten 59–75, 144, 146
Dorfmann, Walter 35 ff.
Dreikirchen 36, 38f.
Drei Zinnen 41, 50 f., 144
Drescher, Roman 103f., 106, 108
»Drescherkeller« (Kaltern) 103, 106, 108

Eisacktal 24–40, 140, 144, 146
Elisabeth, Kaiserin von Östereich 121, 123, 125
Enzenberg, Graf 103 f.

Ferdinand I., Kaiser von Österreich 121, 140
Fischleintal 50, 144
Franz Joseph I., Kaiser von Österreich 53, 135

Geislerspitzen 59, 70 f.
Glurns 133, 135 f.
Graun 109, 131
Gröden 74
Grödental 69

Hall 122, 140
Hocheppan 103, 106
Hofer, Andreas 110, 124, 141
Hotel Greif (Bozen) 92, 147

Innichen 51, 154
Innsbruck 89, 122, 140 f.

Jaufenpass 124
Johann, Erzherzog 121

Kalterer See 104, 106, 109, 154
Kaltern 106
»Karner« 130
Kastelbell 145
Klausen 35, 41, 146
Kloster Marienberg 131, 145, 151
Kloster Muri Gries 89, 147
Kloster Neustift 144
Kloster Säben 36
König Laurins Rosengarten 32, 60, 72, 74, 80
Kronplatz 54, 144
Kostner, Raffael 20, 68 f., 71, 74

Ladiner, Ladinien 9, 20, 68 f.
Lajen 38
Langkofel 68,72
Lehár, Franz 123

Mahler, Gustav 41, 55
Manincor / Hirschbrunn 103 f.
Mann, Heinrich 125
Mann, Thomas 125
Mantua 110, 141
Margarete Maultasch, Gräfin von Tirol 105, 140
Marie Luise, Kaiserin der Franzosen 121
Mareiler, Sebastian 136
Masur, Kurt 125
Mayr, Manfred A. 92
Maximilian I., röm.-dt. Kaiser 140
Medici, Claudia de 88
Mehta, Zubin 125
Meran 71, 113–125, 140, 143, 145, 149

Messner, Reinhold 59, 68, 70 f., 135, 143, 151
Missian 95, 103
Mitterbad 125
Mitterhofer, Peter 135
Montiggler Seen 109, 154
Moroder, Edgar 69 f.
Moroder, Giorgio 65, 70
Mozart, Wolfgang, Amadeus 86, 93
Mühlbach 52, 56
Mussolini, Benito 20, 89, 141 f.

Nals 105
Naturns 132, 135, 151
Naturpark Pragser Wildsee 43, 144
Naturpark Sextner Dolomiten 144
Neumarkt 107 ff.

Ötzi 77, 86f., 89, 128, 140, 145
Ortler 130, 154
Oswald von Wolkenstein 71, 95, 106

Pacher, Michael 54, 144
Partschins 151
Passeiertal 124
Pfitsch 34
Pflersch 34 f.
Podrecca, Boris 92
Prags 144
Prettau 21, 56
Prokuluskirchlein 132, 151
Pühler, Josef von 110
Pustertal 41–57, 130, 140, 144

Reich, Harry 122f.
Reschensee 131
Ridnaun 34
Riesenferner 41, 59
Ritten 86, 91, 154
Rostropovitch, Mstislav 125
Rudolph, Dieter 105

Saint-Germain 51
Salurn 9
Sanonhütte (Seiser Alm) 68 f., 71, 74

Sarntal 87, 148
Schlern 71 f.
Schloss Juval 71, 135, 151, 153
Schloss Korb 102
Schloss Maretsch 18, 77
Schloss Moos 106
Schloss Runkelstein 88
Schloss Schenna 121
Schloss Sigmundskron 71, 135, 142 f.
Schloss Tirol 122, 140
Schloss Trauttmansdorff 123, 143, 145, 150
Schluderns 153
Schreibmaschinenmuseum Partschins 151
Seiser Alm 19, 59, 68, 72
Sellajoch 72
Sexten 41, 51, 56, 108
Siebeneich 105
Sitzkofel 109
Sonnenberg 12, 131 f.
Steinegg 32
Steinhais 56
Sterzing 38, 144, 146
Sulden 134

Terlan 104 f.
Thurn 73
Timmelsjoch 124, 154
Toblach 53, 55
Törggelen 26, 154, 157
Tramin 106f., 148, 153
Trenker, Luis 70

Überetsch 95–111, 145
Ultental 125
Unterland 95–111, 130, 145, 148 f.

Valazza, Adolf 14, 72
Venedig 132
Vierschach 51
Vilpian 105
Vinschgau 127–137, 140 f., 145, 150
Völs 71, 154

Weitere Titel dieser Reihe

ISBN 978-3-7654-5082-2

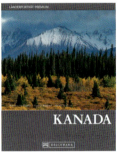

ISBN 978-3-7654-5083-9

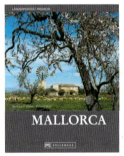

ISBN 978-3-7654-5029-7

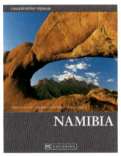

ISBN 978-3-7654-5081-5

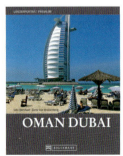

ISBN 978-3-7654-5028-0

Das komplette Programm unter www.bruckmann.de

Unser komplettes Programm:
www.bruckmann.de

Produktmanagement: Susanne Caesar
Layout: graphitecture book, Rosenheim
Repro: Repro Ludwig, Zell am See
Umschlaggestaltung: büroecco unter Verwendung eines Fotos von Udo Bernhart
Kartografie: Elsner & Schichor, Karlsruhe
Herstellung:
Bettina Schippel, Christine Herzer
Printed and bound in Slovenia,
Korotan, Ljubljana

Alle Angaben dieses Werkes wurden vom Autor sorgfältig recherchiert und auf den aktuellen Stand gebracht sowie vom Verlag geprüft. Für die Richtigkeit der Angaben kann jedoch keine Haftung übernommen werden.
Für Hinweise und Anregungen sind wir jederzeit dankbar. Bitte richten Sie diese an:
Bruckmann Verlag
Postfach 40 02 09
D–80797 München
E-Mail: lektorat@verlagshaus.de

Bildnachweis:
Umschlagvorderseite: Geissler-Spitzen, Vilnösstal
Umschlagrückseite: Laubengasse in Meran; am Saxalber See; Freude an der Natur; Der Südtiroler Speck ist in aleer Munde.
Seite 1: Musikkapelle Kaltern
Seite 2/3: Almabtrieb, Ultental
Seite 159: im Pfossental.

Alle Abbildungen des Innenteils stammen von Udo Bernhart.

Die Deutsche Nationalbibliothek –
CIP-Einheitsaufnahme
Ein Titelsatz für diese Publikation ist bei der Deutschen Nationalbibliothek erhältlich.

Sonderausgabe des Titels Südtirol,
ISBN 978-3-7654-4249-0

Vollständig durchgesehene und aktualisierte Neuauflage
© 2009, 2006 Bruckmann Verlag GmbH, München
ISBN 978-3-7654-5365-6